AF550645

WILLIAM WALKER ATKINSON

DIE VERLORENEN MANUSKRIPTE

KYBALION 5

* * * * * * *

SCHÄTZE DES NEUEN DENKENS

AURINIA

WILLIAM WALKER ATKINSON
KYBALION 5 – SCHÄTZE DES NEUEN DENKENS

Aus dem Amerikanischen übertragen von Ursula Fassbender

Dieses Buch wurde auf FSC®-zertifiziertem Papier gedruckt. FSC® (Forest Stewardship Council®) ist eine nicht staatliche, gemeinnützige Organisation, die sich für eine ökologische und sozialverantwortliche Nutzung der Wälder unserer Erde einsetzt.

Umschlagfoto: shutterstock.com
Lektorat: Anke Schenker
Satz, Lithografie und Herstellung: Robert B. Osten

Printed in Germany
ISBN 978-3-95659-024-5

4. Auflage

Besuchen Sie auch unsere Website: www.aurinia.de

Inhalt

Vorwort

Ein Vorwort schreibe ich ungern, denn es kommt mir vor wie eine Rechtfertigung. Ich brauche mich für mein Angebot dieser Auswahl neuer Gedankenschätze nicht unbedingt zu rechtfertigen. Vielleicht haben sie keinen literarischen Wert, aber sie haben schon vielen Frauen und Männern geholfen. Mit Ausnahme von »Das Geheimnis von Ich bin« erschienen die Essays in diesem Buch monatlich in der Zeitschrift »New Thought«, deren Mitherausgeber ich bin. Sie wurden schnell geschrieben – hauptsächlich auf Drängen der Druckerei – und sie wurden überwiegend so abgedruckt, wie sie verfasst worden waren, da keine Zeit für eine Überarbeitung blieb. Sie können irgendein Essay aufschlagen und werden beim Lesen vielleicht feststellen, dass viele Sätze noch einer weiteren Ausführung bedürften und dass Sie viele Gedanken finden, die durch die Veränderung von ein paar Wörtern noch besser verständlich würden. Da ich mir dessen bewusst bin, habe ich überlegt, ob ich mir noch einmal jeden einzelnen Text vornehmen und an der einen oder anderen Stelle kürzen oder ergänzen soll. Aber bei der Durchsicht verließ mich der Mut. Denn so wie ich meine Sätze formuliert hatte, entsprachen sie den Gedanken, die meinem Geist entsprungen sind, und ich brachte es nicht fertig, sie abzuändern. Ich erinnerte mich an die Umstände, unter denen ich die einzelnen Essays geschrieben hatte, und ließ sie in Ruhe. Ein geschliffener Goldklumpen ist eben kein »Nugget« mehr. Diese Gedanken sind jedoch Goldklumpen, die ich selbst geschürft habe. Damit möchte ich nicht die Qualität des Edelmetalls bewerten. Das ist Ihre Sache. Aber Sie sehen sie so, wie sie aus der Gold-

mine kamen – roh, ungeschliffen, umgeben von Gestein, seltsam geformt. Wenn Sie glauben, dass sie genug hochwertiges Edelmetall enthalten, können Sie sie schleifen, einschmelzen und zu einem Gebrauchsgegenstand oder Schmuckstück verarbeiten. Was mich betrifft, mag ich das naturbelassene Metall mit Hammer-Spuren und von Quarz umhüllt. Doch jeder Geschmack ist anders. Manche mögen es, wenn alles poliert aussieht. Meine Nuggets werden jenen nicht gefallen. Was soll's. Ich kann eben kein schönes Kunstprodukt herstellen. Ich habe nur das Naturgold aus der Mine anzubieten. Hier kommen also meine Nuggets. Wenn Ihnen eine andere Form besser gefällt, schleifen Sie sie ruhig selbst. Ich für meinen Teil werde sie nicht anrühren.

William Walker Atkinson

1| Das Leitmotiv

»Ich kann und ich werde es schaffen« – Die Erkenntnis – Jeder Aufgabe gewachsen – Ein Gefühl des gelassenen Vertrauens – Ein unvorstellbares Gefühl der Macht, Kraftreserve und Sicherheit – Etwas in uns – Der dreifache Schlüssel zum Tor des Erfolgs – Die Schwingungen des Erfolgs

Ich kann und ich werde es schaffen!!!« Haben Sie jemals diese Worte zu sich gesagt in der festen Überzeugung, dass Sie die Wahrheit sprechen, verbunden mit einem so starken Gefühl, das keinen Beweis brauchte? Wenn dem so ist, haben Sie in sich eine freudige Erregung verspürt, die scheinbar jedes Atom in Ihrem Körper mit einer Note auf der Tonleiter des Lebens in eine harmonische Schwingung versetzt hat – erzeugt von Ihrem Wahren Selbst. Sie haben eine Momentaufnahme vom Inneren Licht erhascht, eine einzelne Note aus dem Lied der Seele vernommen und waren sich für einen Augenblick Ihrer selbst bewusst. In diesem Moment der Ekstase wussten Sie um Ihre unvorstellbare Macht und unfassbaren Möglichkeiten. Sie spürten, dass Sie in Kontakt mit allumfassender Stärke, Macht, Weisheit, Glückseligkeit und Frieden waren. Sie fühlten sich jeder Aufgabe gewachsen – in der Lage, jedes Unternehmen erfolgreich zu schaffen. In diesem kurzen Augenblick gab es für Sie keinerlei Angst auf der Welt. Das ganze Universum schien im Gleichklang mit Ihren Gedanken zu schwingen. In diesem kurzen Moment erkannten Sie die Wahrheit.

Aber leider holte Sie der Geist der Zweifel, des Misstrauens, der

Furcht und des Unglaubens zurück auf den Erdboden, und die Vision verblasste. Und doch ist die Erinnerung daran – das Echo der Liednote, ein Überrest der neu gewonnenen Stärke – lebendig geblieben. Diese Erinnerung erweist sich immer noch als Antriebsfeder für große Bemühungen, als tröstlicher Gedanke in Zeiten der Schwäche und Herausforderung. Sie konnten mithilfe dieser bleibenden Schwingungen des machtvollen Denkens viel erreichen.

In Zeiten großer Not, schwerer Konflikte, dem Kampf um Leben und Tod steigt oftmals ein Gefühl des gelassenen Vertrauens in uns auf und wir erkennen unsere Kraft (die auch in allem anderen steckt), die uns wieder auf die Beine bringt und uns Sicherheit, Frieden und Ruhe schenkt. Ein unvorstellbares Gefühl von Macht, Kraftreserve und Sicherheit ergreift von uns Besitz. Wenn wir mit außergewöhnlichen Schwierigkeiten konfrontiert werden, wenn unser Körper wie gelähmt, unser Geist wie betäubt ist und unsere Willenskraft versiegt, wird uns die Existenz des Wahren Selbst oftmals bewusst gemacht. Es antwortet auf unsere unfreiwillige Bitte und kommt uns mit der frohen Botschaft »Ich bin da!« zu Hilfe.

Viele von uns haben schon von dieser inneren Kraft Gebrauch gemacht, ohne es zu wissen. Vielleicht wurde unser Ruf tatsächlich von ihr erhört, als wir tief bekümmert waren. Wir wussten zwar nicht, woher die Antwort kam, aber wir spürten, wie wir aufgerichtet wurden und wieder mehr Selbstvertrauen bekamen. Beim nächsten Mal baten wir vielleicht schon vertrauensvoll um diesen Beistand, und wieder wurde unser Wunsch erfüllt. Wir hatten das erreicht, was wir Vertrauen und Glauben in uns selbst nennen, und es half uns über so manch dunkle Stunde hinweg und brachte uns auf Erfolgskurs. Unser wiederholter Erfolg ließ uns glauben, wir hätten »Glück« oder einen »guten Stern«. Wir ergriffen Chancen und gingen Risiken ein, von denen andere nicht einmal träumen würden. Wir wagten es. Wir machten einige offensichtliche Feh-

ler, aber bald erkannten wir sie als Lernerfahrungen auf unserem Weg zum Gelingen. Das Gefühl »Ich kann und ich werde« trug uns sicher über die Hürden, und wir gelangten ganz einfach zu dem Schluss, wir würden es am Ende schon »schaffen«.

So lebten wir in dem Bewusstsein weiter, dass wir trotzdem einen Schritt vorwärts kamen, selbst wenn wir drei Schritte vor und zwei zurück machten. Wir hatten Vertrauen, weil wir wussten, dass schlussendlich »alles in Ordnung kommen« würde. Und solange wir diese Einstellung beibehielten, hatten wir Erfolg. Und nur wenn wir bei einem unerwarteten Ausrutscher den Mut verloren, nur wenn wir, nachdem wir erfolgreich waren, verwirrt und ängstlich wurden und befürchteten, dass »unser Glück nicht von Dauer sein könnte« und wir all unsere Schätze wieder verlieren könnten, dann – und nur dann – begann unser Stern zu sinken.

Wenn Sie mit einem erfolgreichen Menschen sprechen, wird er, wenn er aufrichtig ist, zugeben, dass er vom ersten Erfolg an das Gefühl hatte, dass ihn sein Schicksal »führte« und er seinem »Glücksstern« folgte oder ihm eine besonders günstige Fügung half. Schließlich erwartete er Resultate, hatte Vertrauen, dass alles eine gute Wendung nehmen würde, vertraute einer ihm unbekannten Kraft und wurde nicht enttäuscht. Alles schien sich zu seinem Vorteil zu entwickeln. Zwar nicht immer so, wie er dachte, sondern ganz anders, aber zuletzt ging immer alles glatt, solange er »die Nerven behielt«. Den Ursprung seiner Kraft kannte er nicht, aber er glaubte an sie und vertraute ihr gleichermaßen.

Wachen wir also auf, erkennen diese Kraft in uns und beginnen dieses Ich-kann-und-ich-werde-es-schaffen-Gefühl zu verstehen und zu schätzen, wenn wir es spüren, und es zu üben, wenn wir es noch nicht wahrnehmen. Sind wir nicht wie junge Riesen, die ihre eigene Stärke noch nicht entdeckt haben? Sind Sie sich denn nicht bewusst, dass Kräfte in uns schlummern, die nach Entwick-

lung und Entfaltung streben? Wissen Sie denn nicht, dass der tiefe Wunsch, das Vertrauen und ruhiges Streben uns zur Erfüllung unserer Wünsche führen, uns die Werkzeuge in die Hand geben werden, die wir brauchen, um unser Schicksal zu verwirklichen, uns zu ihrem richtigen Gebrauch anleiten und dafür sorgen werden, dass wir uns weiterentwickeln? Wissen Sie denn nicht, dass Begehren, Vertrauen und Bemühen der dreifache Schlüssel für die Tore zum Erfolg ist? Möglichkeiten liegen vor uns und warten auf uns, von denen wir niemals geträumt hätten. Machen wir unsere Ansprüche geltend, heben den Schlüssel auf, öffnen die Tore und betreten unser Königreich.

Um ans Ziel zu kommen, müssen wir von einem ehrlichen Wunsch getrieben sein und so sehr an unseren endgültigen Erfolg glauben wie an den allmorgendlichen Sonnenaufgang. Wir müssen Vertrauen haben. Wir müssen uns mit den Werkzeugen und Hilfsmitteln ans Ziel arbeiten, die sich uns Tag für Tag zeigen. Wir werden dabei erkennen, dass Begehren, Zuversicht, Vertrauen und Bemühen nicht nur die Hindernisse aus dem Weg räumen, sondern diese wunderbare Kraft aktivieren werden, die immer noch wenig verstanden wird: das Gesetz der Anziehung. Es zieht das zu uns, was unserem Erfolg förderlich ist – ob dies Ideen, Menschen, Dinge, ja sogar die passenden Umstände sind. Oh, Ihr Kleingläubigen, warum erkennt Ihr dies nicht?

Die Welt braucht diese »Ich kann und ich werde es schaffen«-Typen. Sie hält Plätze für sie bereit. Das Angebot übersteigt dabei die Nachfrage. Nehmt Euren Mut zusammen, Ihr Unglücklichen, Zweifler, »Ich kann nicht«-Denker! Fangt an zu kämpfen, indem Ihr Euren Geist von der Angst befreit. Dann beginnt die Leiter der Zielstrebigkeit hinaufzuklettern und mit aller Kraft »Ich kann und ich werde es schaffen« zu rufen und dabei jedes angstvolle und verzagte Wenn und Aber Eurer unwissenden Freunde am Fuß der

Leiter zu übertönen. Kümmert Euch nicht um die oberen Sprossen – Ihr werdet rechtzeitig dort ankommen –, sondern lenkt Eure ganze Aufmerksamkeit auf die nächste Sprosse, die unmittelbar vor Euch liegt. Und erst wenn Ihr fest darauf steht, blickt hinauf zur nächsten. Denkt daran: Sprosse für Sprosse! Widmet jedem Schritt Eure volle Konzentration. Steigt mit Begehren, Zuversicht und Vertrauen hinauf, dann wird Euch die Aufgabe Freude bereiten. Ihr werdet Euch der mächtigen Kraft bewusst, die Euch auf Eurem Entwicklungsweg vorantreibt. Stoßt dabei keinen anderen herunter, denn es gibt genug Platz für Euch beide. Geht gütig und freundlich miteinander um.

Wenn Ihr die Schwingungen der Affirmation »Ich kann und ich werde es schaffen« nicht in Euch spüren könnt, fangt heute damit an, indem Ihr »Ich kann und ich werde es schaffen« sagt, denkt und nach dem Motto handelt und Euch auf diese Weise in die Schwingung versetzt. Denkt daran: Wie eine gespielte Saite der Violine im Einklang mit allen anderen schwingt, so wird sich ein beständiger positiver Gedanke sowohl in Euch als auch in Eurem Umfeld manifestieren. Beginnt also, den Ton heute erklingen zu lassen. Genau jetzt. Lasst ihn beständig ertönen. Schickt einen klaren, fröhlichen, freudigen Ton des Vertrauens und der Siegesgewissheit in die Welt. Wenn Ihr dies immer wieder tut, werdet Ihr entdecken, dass Ihr Euch in Schwingung versetzt und Eure mutigen Wesensanteile in Einklang mit dem Leitmotiv »Ich kann und ich werde es schaffen« gebracht habt.

2| Das Geheimnis von »Ich bin«

Das Ego – Die körperliche Ebene – Die mentale Ebene – Die neue Ebene des Bewusstseins – Das Wahre Selbst – Das Ich, der Tempel der lebendigen Seele – Entwicklung des »Ich bin«-Bewusstseins – Die höhere Vernunft

---

»Der Gott der tausend Welten bin ich
Und herrsche seit Anbeginn der Zeiten;
Und Nacht und Tag in ihrem zyklischen Wechsel
werden vorübergehen, während ich ihre Geschehnisse prüfe.
Doch die Zeit wird zu Ende gehen, bevor ich Erlösung finde,
Denn ich bin die Seele des Menschen.«

Charles H. Orr

Viele von uns stellen sich gewöhnlich vor, sie lebten nur auf der physischen Ebene. Wenn wir an das Ego denken – unser Ich –, haben wir ein Bild vom menschlichen Körper mit seinen Organen vor Augen – angefangen bei dem am höchsten entwickelten, dem Gehirn, bis hin zu den grobstofflichen Zellstrukturen. Für den einen ist auf dieser Bewusstseinsebene der Körper das »wahre Selbst« oder »seine Seele«, so wie er von »seinem Hut«, »seinem Mantel« oder »seinen Schuhen« als seinen Besitztümern spricht, die er benutzt, die jedoch nicht er selbst sind. Für ihn ist der Körper gleichbedeutend mit dem Menschen, wobei der Geist dem Körper dient. Von der Seele hat er nur eine verschwommene Vorstellung und ist sich ihrer nicht bewusst. Er lebt nur auf der körperlichen Ebene.

Andere halten ihren Intellekt oder Geist für ihr Ich, die Kontrolle über den Körper und seine Organe haben und im menschlichen Gehirn bzw. den Gehirnen des Menschen sitzen. Diese Menschen betrachten den Intellekt als das wahre Selbst, und viele, die das glauben, erheben ihn auf die gleiche Stufe mit Gott, verbeugen sich vor ihm und huldigen ihm. Sie erkennen, dass der Körper dem Geist untersteht, und sind sich seiner wunderbaren Macht über den einzelnen Körper, über den er die Kontrolle besitzt, ebenso bewusst wie über den Körper und den Verstand der anderen. Für sie ist der Intellekt das höchste Selbst, gleichrangig mit der Seele. Sie sind sich der wunderbaren Fähigkeiten des Geistes bewusst, aber keiner höheren Macht. Manchen erscheint der Tod als das Ende von allem. Sie stellen sich vor, der Geist sei ein Produkt des Gehirns. Andere spüren, dass ihr Intellekt irgendwie und irgendwo weiterleben wird, aber dies ist nur ihr Glaube oder ihre Hoffnung, die sie auf die Aussagen vermeintlich kompetenter Leute stützen. Sie haben kein Bewusstsein für ein früheres oder zukünftiges Leben, keine Ahnung vom wahren Selbst, das um seine Unsterblichkeit weiß.

Eine dritte Gruppe von Menschen ist auf dem Weg des Lebens so weit fortgeschritten, dass sie die Grenzen zu einer neuen Bewusstseinsebene überschritten haben. Sie befinden sich auf fremdem Terrain, finden keine vertrauten Orientierungspunkte und erkennen das Land, das vor ihnen liegt, nicht wieder. Ihre Freunde, die sie nur ein paar Schritte hinter der Grenze zurückgelassen haben, scheinen nicht zu verstehen, welchen Unterschied die kurze Entfernung bei denjenigen ausmacht, die sie zurückgelegt haben, und zweifeln deshalb an der Perspektive, die sich ihnen von ihrem neuen Standpunkt aus eröffnet. Diejenigen, die über die Schwelle gegangen sind, erkennen, dass sie sich ihrer wahren Existenz bewusst geworden sind.

Das Ich-Bewusstsein ist über die intellektuelle Ebene hinausge-

wachsen und kann auf sie zurückblicken – und noch weiter zurück auf die physische Ebene. Das Ich begreift den Wert sowohl des Geistes als auch des Körpers, aber betrachtet beide als Instrumente, Werkzeuge oder Bedienstete, mit denen wir arbeiten können. Das Ich meint, dass es von Anbeginn an existiert (wenn es je einen Anfang gab) und bis ans Ende der Zeit weiter bestehen wird (wenn es jemals ein Ende gibt). Das Ich hält sich selbst für einen Teil des Ganzen und das Universum für seine Heimat. Das Ich weiß, dass es ein winziger Tropfen im großen Ozean der Seele, ein Strahl der höchsten Sonne, ein Teil des göttlichen Seins ist, das sich in einem materiellen Körper manifestiert hat und diesen Körper und eine Kraft namens Geist benutzt, um sich zu verwirklichen.

Das Ich begreift all dies keineswegs sofort. Bis dahin hat es seine Fähigkeiten nicht bis zu diesem Maß an Perfektion entwickelt. Es weiß nur, dass es existiert und schon immer da war und da sein wird. Das Ich ermöglicht dem Intellekt, sich in Mutmaßungen zu ergehen, aber es gibt sich mit dem Wissen zufrieden, dass es jetzt lebt, und kümmert sich nicht um die Probleme der Vergangenheit oder Zukunft, sondern glaubt an das Jetzt und weiß, dass es ein Teil des Ganzen ist. Das Ich ist sich bewusst, dass es nicht zerstört oder verletzt werden kann und in Einklang mit dem höheren Gesetz lebt (und dieses Gesetz gut ist). Und es verlangt in diesem Moment nicht nach mehr Erkenntnis, weil es weiß, dass es sich in seiner materiellen Form weiterentwickelt und sicher mehr Wissen erlangen wird, während es Schicht für Schicht durchdringt. Es vertraut sich dem Höchsten mit den Worten »Dein Wille geschehe« an.

Da es um seine Unsterblichkeit weiß, hat das Ich keine Angst vor dem Tod des Körpers – ein Körper ist so gut wie der andere – und ist bereit, ihn abzulegen wie einen Mantel, wenn er abgetragen oder zu klein geworden ist. In dem Bewusstsein seiner Unverletzbarkeit hat das Ich keine Ängste und fürchtet sich vor nichts. Aufgrund der

Gewissheit, dass das Gesetz für seine Entwicklung sorgt (stets für die bestmögliche), lässt sich das Ich nicht von Sorgen, Schwierigkeiten und Konflikten im Leben aus der Ruhe bringen, weil es den Grund dafür erkennt. Mag der Körper auch Schmerz empfinden, der Geist von Sorgen beladen sein, das wissende Ich lächelt darüber.

Das Ich versteht sich als eins mit dem Ich aller Lebewesen. Und mit diesem Wissen kann es weder Hass noch Angst, Neid, Eifersucht, Verachtung oder Verurteilung entwickeln. Alte Gefühle wie diese fallen von einem Menschen ab wie ein abgelegter Mantel, wenn das Ich seinen Thron besteigt. Das Ich erkennt, dass andere vielleicht nicht so weit fortgeschritten sind wie es selbst, sieht in ihnen jedoch Mitreisende auf dem gleichen Weg, die ihr Bestes geben – abhängig von der Stufe, auf der sie sich gerade befinden. Das Ich erkennt Unwissenheit, nicht Bösartigkeit. Das Ich empfindet gegenüber der Menschheit und der ganzen lebendigen Welt nur ein einziges Gefühl – Liebe. Ja, Liebe und Kameradschaft sogar für den Geringsten, denn es weiß, dass auch dieser nicht aus dem großen Lebensplan ausgeschlossen werden kann.

Das Ich versteht, dass es bis zu seinem gegenwärtigen Lebensabschnitt einen langen Weg zurückgelegt hat und sich jedes Leben auf der gleichen Reise befindet. Das Ich blickt zurück und erkennt, dass die anderen mit Straßenschmutz und -staub bedeckt sind und auf dem Weg weit zurückliegen, aber weil es den gleichen Abschnitt der Reise hinter sich hat, kann es sie nicht verachten. Das Ich weiß, es befindet sich nur an der Schwelle zu einem neuen Bewusstsein, dem Grenzgebiet des kosmischen Bewusstseins, und weit davon entfernt liegen wunderschöne Regionen, in denen es ebenfalls unterwegs sein und jeden Tag immer ein Stück weiter vorankommen wird mit wachsender Kraft und zunehmendem Wissen. Das Ich sieht die endlos aufeinanderfolgenden Lebensstadien, während wir uns der Vision öffnen. Zwar kann es diese jetzt noch

nicht verstehen, aber es weiß um das Vorhandensein des Gesetzes und seinen Inhalt. Das Ich hat den Mut des wissenden Vertrauens und strebt frohen Herzens dem göttlichen Abenteuer entgegen. All das und noch mehr.

Der Mann oder die Frau, der/die dies versteht, erlebt die Entwicklung des Selbst als eine Aufgabe der Liebe – als erhabene Pflicht anstatt nur als selbstsüchtiges Machtstreben. So wie der Bildhauer in einem Marmorblock die Gestalt eines Engels erblickte und sich dazu berufen fühlte, das Gestein darum zu entfernen, um die Engelsfigur herauszulösen, können wir danach streben, das gottgleiche Wesen zu befreien, wenn wir es in uns erkennen. Dieses innere Wesen ist das wahre Selbst – das Ich. Wenn Sie diese Wahrheit bisher noch nicht erkannt haben, entspannen Sie Körper und Geist und tauchen Sie ein wenig in die Innenschau ein. Wenden Sie Ihren Blick nach innen. Lauschen Sie der Stimme der Seele. Sie werden sich allmählich immer mehr Ihres inneren Wesenskerns bewusst, der sich Ihnen zu erkennen geben möchte und nach den geeigneten Mitteln dafür sucht. Horchen Sie in die Stille hinein! Die Stimme wird jeden Tag verständlicher und das Licht heller werden, und schließlich wird Ihr ureigenes Wesen auftauchen. Was für eine unvorstellbare Freude! Tränen und Lachen wechseln sich ab, wenn das Gelobte Land nach jahrhundertelanger Suche in Sicht kommt.

Oh Mensch, erkenne dich selbst! Erkenne, dass du den göttlichen Funken in dir trägst. Im Vergleich damit sind sowohl der Körper als auch der Geist nichts anderes als Diener. Erkenne, dass dein Körper der Tempel der lebendig gewordenen Seele ist, und respektiere ihn als solchen. Erkenne, dass dein Intellekt nichts anderes ist als das Instrument der Manifestation der Seele – das Ich.

Krieche nicht im Staub herum wie ein Wurm. Erniedrige dich nicht selbst und rufe den Himmel als Zeugen dafür an, was für eine jämmerliche Kreatur du doch bist. Bezeichne dich nicht als elen-

den Sünder, der nichts anderes verdient als die ewige Verdammnis. Nein und nochmals nein! Steh auf, erhebe dein Haupt zum Himmel, nimm deine Schultern zurück, fülle deine Lungen mit dem Ozon der Natur und sprich zu dir: »Ich bin.«

Der Mensch hat eine wunderbare Kraft erlangt, wenn er verstanden hat: »Ich bin ein Teil des ewigen Lebensprinzips. Ich bin als göttliches Ebenbild geschaffen. Ich bin erfüllt vom göttlichen Lebensatem. Nichts kann mir schaden, denn ich bin unsterblich.«

Der erste Schritt auf dem Weg zum Verständnis des höheren Gesetzes ist die Erkenntnis der Existenz und der Kraft des wahren Selbst – des Ich. Je umfassender diese Erkenntnis ist, desto stärker wird die Kraft. Es gibt keine besonderen Anweisungen, wie diese Erkenntnisfähigkeit erlangt werden kann. Wir müssen in sie hineinwachsen und sie spüren, anstatt sie mit unserem Intellekt erfassen zu wollen. Sie werden nicht lange zweifeln, ob Sie auf der richtigen Spur sind oder nicht. Wenn Sie auf dem richtigen Weg sind, wird der Erkenntnisprozess sofort einsetzen. Sie werden kurze Erkenntnisblitze haben, die Ihnen dann vielleicht für eine Weile wieder entgleiten, aber keine Angst, am Ende können Sie der Erleuchtung nicht entkommen.

Sie werden Ihren Körper nicht anders als ein Stück Stoff empfinden, in das Sie vorübergehend eingehüllt sind. Aber diese Hülle sind nicht Sie selbst. Sie werden spüren, dass Sie getrennt von Ihrem Körper sind, obwohl Sie eine Zeit lang darin leben. Sie werden fühlen, dass Sie ebenso gut in irgendeinem anderen Körper leben und dennoch das Gefühl für Ihre Individualität bewahren könnten. Dann werden Sie erkennen, dass nicht einmal Ihr Geist Ihr Selbst ist, sondern nur ein Instrument, mit dessen Hilfe Sie sich ausdrücken, und das den vollständigen Ausdruck der Seele verhindert, weil es unvollkommen ist.

Kurz, wenn Sie sagen oder denken: »Ich bin«, sind Sie sich der

Existenz Ihres wahren Selbst bewusst und spüren, wie ein neues Gefühl der Eigenmacht in Ihnen erwächst. Diese Selbsterkenntnis kann flüchtig sein, doch wenn Sie sich darum bemühen, wird sie zunehmen. Während sie immer größer wird, wird sie sich in Ihrem Geist manifestieren, indem sie ihm das Wissen um den richtigen Plan für Ihre weitere Entwicklung einprägt. Dies ist ein gutes Beispiel für den Bibelspruch »Denn wer da hat, dem wird gegeben« (Mk 4,25).

Allein dadurch, dass wir Ihre Aufmerksamkeit auf diese Tatsache lenken, wird bei manchen der erste Erkenntnisschimmer erwachen. Andere müssen vielleicht länger darüber nachdenken und erlangen die Erkenntnis der Wahrheit langsamer. Wieder andere werden die Wahrheit nicht erkennen. Denjenigen sei gesagt: Die Zeit für die Erkenntnis der höchsten Wahrheit ist noch nicht reif, aber der Samen ist gesät und die Pflanze wird zur rechten Zeit aufgehen. Vielleicht klingt dies für Sie jetzt wie blanker Unsinn, aber die Zeit wird kommen, wo Sie zugeben werden, dass es stimmt. Sie werden entdecken, dass eine Sehnsucht in Ihnen erwacht ist, die Ihren Geist so lange in Unruhe versetzt, bis das Licht der Erkenntnis heller geworden ist. Um es mit den Worten von Walt Whitman auszudrücken: »Meine Worte jucken dir in den Ohren, bis du sie verstehst.«[1] Oder wie Ralph Waldo Emerson sagt: »Du kannst dem Guten in dir nicht entkommen.« Denjenigen, die die ersten Anzeichen der erwachenden Seele spüren, rate ich: Tragt den Gedanken in euch und er wird sich wie die Lotusblüte allmählich und ganz natürlich entfalten. Wenn die Wahrheit erst einmal erkannt wurde, kann sie nicht mehr verloren gehen. In der Natur gibt es keinen Stillstand.

Das hier Gesagte ist nur ein schwacher Abglanz einer mächti-

1 Aus Walt Whitman »Hymnen an die Erde«, Leipzig, 1947

gen Wahrheit, die im Herzen der esoterischen Lehren aller Religionen – in den Philosophien des Orients und des alten Griechenlands – verborgen liegt. Sie werden sie in den Liedern der Dichter und den Schriften der Mystiker finden. Die fortschrittliche Wissenschaft dieses Jahrhunderts stößt an sie, ohne sie ganz zu verstehen. Sie kann nicht mit Worten benannt oder nur mit den intellektuellen Fähigkeiten begriffen werden, sondern muss empfunden und von denjenigen gelebt werden, die bereit dafür sind und für die die Zeit gekommen ist, so wie es diesen wenigen seit Anbeginn verkündet wurde. Alle Menschenrassen haben dies gewusst. Seit den frühesten Zeiten wurde die Wahrheit vom Lehrer an den Schüler weitergegeben. Auf diese Wahrheit bezieht sich auch Edward Carpenter, wenn er sagt: »Oh, lass die Flamme nicht verlöschen! Seit Anbeginn aller Zeiten in ihren dunklen Höhlen, in ihren heiligen Tempeln verehrt. Genährt von den reinen Dienern der Liebe – lass die Flamme nicht verlöschen.«

Es ist schwierig, jemandem eine Ahnung von dieser Wahrheit zu vermitteln, aber diejenigen, die bereit dafür sind, empfangen sie. Anderen wird sie wie völliger Unsinn erscheinen. Wie es Emerson ausdrückte: »Eines jeden Menschen Worte – spricht er von jenem Leben – müssen denen leer erscheinen, die nicht ihrerseits auch in diesen Gedanken wohnen. Ich wage nicht, davon zu sprechen. Meine Worte mögen ihren erhabenen Sinn nicht tragen; sie fallen kurz und kalt aus. Nur sie selbst kann denjenigen inspirieren, der es will … Doch ich wünschte sogar mit profanen Worten, wenn ich die heiligen nicht benutzen kann, ihm den Himmel dieser Gottheit beschreiben zu können und ihm zu erklären, welche Eindrücke ich von der transzendenten Einfachheit und Energie des Höchsten Gesetzes gewonnen habe.«[2]

---

2 Aus Ralph Waldo Emerson »Essays«, Halle a. d. S., um 1900

Wenn Sie es vorziehen, das Problem des Lebens, das Rätsel des Universums mit wissenschaftlicher Forschung, logischer Argumentation, formalem Denken oder mathematischer Beweisführung lösen zu wollen, probieren Sie diese Methode auf jeden Fall aus. Sie werden die Lektion der Macht und Begrenztheit des menschlichen Intellekts lernen. Nachdem Sie immer wieder auf Ihrem Gedankenkarussell gefahren und wieder auf dem gleichen Boden angekommen sind, nachdem Sie in die intellektuelle Sackgasse gelaufen, den Irrweg der Logik gegangen sind, nachdem Sie mit den Flügeln gegen den Käfig des Unverständlichen geschlagen haben und erschöpft und verletzt herabgestürzt sind, nachdem Sie all diese Erfahrungen gemacht und Ihre Lektion gelernt haben, hören Sie auf Ihre innere Stimme, betrachten Sie die kleine Flamme, die stetig brennt und niemals ausgelöscht werden kann, spüren Sie die innere Sehnsucht und geben Sie ihr Raum.

Dann werden Sie allmählich verstehen, dass ein Bewusstsein auf den Menschen wartet – und sich gerade jetzt zu manifestieren beginnt –, das viel umfassender ist, als wir uns jemals vorgestellt hätten, während sich der menschliche Verstand langsam vom reinen Instinkt zum einfachen Bewusstsein, vom einfachen Bewusstsein zum Selbst-Bewusstsein (auf niedrigen und höheren Ebenen) entwickelt. Dann werden Sie vielleicht erkennen, dass es einen intelligenten Glauben gibt, der nicht nur glaubt, sondern weiß. Diese und andere Lektionen werden Sie zum richtigen Zeitpunkt lernen. Wenn Sie die Stufe erreicht haben, wo sich die höhere Vernunft meldet und Sie ihr folgen, werden Sie William Benjamin Carpenter zustimmen, der Folgendes gesagt hat: »Siehe da! Die Heilkraft kommt aus dem Inneren, beruhigt den erhitzten Geist, schenkt den schwachen Nerven Frieden. Siehe da! Der ewige Retter, nach dem die ganze Welt sucht, wohnt in jedem verborgen (um entdeckt zu werden) … Oh, welch unübertreffliche Freude.«

3 | »Lass den Sonnenschein herein«

Das Lied der jungen Leute – Gute »Neues Denken«-Lehre – Wer ihn sucht, findet viel Sonnenschein im Leben – Mach keinen dunklen Kerker aus deinem Geist – Öffne die Fenster deiner Seele – Wie wir den Sonnenschein hereinlassen

Eines Nachts, als ich gerade einschlief, kam eine Gruppe junger Leute vorbei, die von irgendeiner Veranstaltung heimkehrten. Sie schäumten über vor ausgelassener Fröhlichkeit. Die jungen Frauen schienen alle gleichzeitig zu reden, die Stimmen der jungen Männer untermalten die hell klingenden Sätze ihrer Begleiterinnen. Als sie direkt unter meinem Fenster angekommen waren, stimmte einer von ihnen ein Lied an und die anderen fielen mit ein. Ich kenne das Lied nicht, das sie sangen, aber der Refrain ging folgendermaßen:

»Lass den Sonnenschein herein,
lass den Sonnenschein herein.
Mache rein die Fenster,
öffne weit die Tür.
Lass den Sonnenschein herein.«[3]

3 Liedtext der Heilsarmee (Anm. d. Übers.)

Erfreut lauschte ich den Worten und der fröhlichen Stimmung des Liedes und dachte bei mir: »Gut, das ist eine prima Lehre in ›Neuem Denken‹ für mich.« Die jungen Leute zogen singend weiter. Ich war inzwischen hellwach, hörte ihnen zu und dachte darüber nach. Das Lied wurde immer leiser, während sie sich entfernten, und zuletzt konnte ich den Text nicht mehr verstehen, doch die unsichtbaren Schwingungen der Melodie drangen immer noch zu mir durch und ich vernahm offenbar noch die letzte Zeile des Refrains: »Lass den Sonnenschein herein.«

Ach, wenn sich doch diese jungen Leute – und alle anderen jungen Menschen, alle Menschen, egal ob jung oder alt – diese Worte zu Herzen nehmen und »den Sonnenschein hereinlassen« würden. Es genügt nicht, wenn Sie nur zustimmen – dies sei ein guter Rat – und die Zeilen mechanisch nachsprechen. Vielmehr sollten Sie den Gedanken in die Tat umsetzen, nicht nur aussprechen oder ihn denken, sondern ihn verwirklichen. Machen Sie ihn zu einem Teil Ihres Lebens! Bauen Sie die Vorstellung in Ihr Leben ein. Üben Sie sich darin, sich für den Sonnenschein des Lebens zu öffnen und ihn hereinfließen zu lassen.

»Lass den Sonnenschein herein.«

Es gibt viel Sonnenschein im Leben, wenn Sie nur danach suchen. Im Leben herrscht auch viel Dunkelheit, wenn wir nur danach Ausschau halten. Aber in den Situationen, die auf andere dunkel wirken, können Sie den Sonnenschein finden, wenn Sie üben, ihn stets zu suchen. Worin die einen hellen Sonnenschein wahrnehmen, erkennen die anderen vielleicht nichts als Finsternis. Sie kämpfen mit einem mentalen Sturzbach, der alle Sonnenstrahlen des Lebens auslöscht.

»Lass den Sonnenschein herein.«

Wenn Sie lernen, den Sonnenschein zu lieben, und sich darauf freuen, ihn immer wahrzunehmen, ziehen Sie ihn offensichtlich an. Das Gesetz der Anziehung verhilft Ihnen zu Ihrem Anteil an Sonnenlicht, das auf der Welt reichlich vorhanden ist. Wenn Sie sich angewöhnt haben, nach der Dunkelheit zu suchen und sie erwarten, werden Sie sie immer finden.

»Lass den Sonnenschein herein.«

Es ist erstaunlich, was die geistige Einstellung eines Menschen für eine Veränderung bewirken kann. Ändern Sie Ihre Haltung, und die ganze Welt scheint sich zu verändern. Es ist, als ob Sie die getönte Brille absetzen, mit der die Welt dunkel und trübselig erschien, und die Helligkeit und die Farben der Welt erkennen.

»Lass den Sonnenschein herein.«

Viele haben aus ihrem Geist ein dunkles Verlies gemacht. Sie haben ständig die Sonne ausgeblendet. Ihr Geist ist muffig, trüb und schimmelig. Gifttiere krabbeln über den Fußboden. Die widerliche Gestalt der Angst kriecht heran und hinterlässt eine Schleimspur. Aus einer Ecke blickt Sie die scheußliche Fratze der Eifersucht an – ein Geschöpf der Finsternis. Der Hass – ein giftiges Reptil – fletscht seine Fangzähne. Der Vampir »Sorge« huscht durch den Raum. In der Dunkelheit lauern angstvolle Schattenwesen, während sich die schrecklichen Ungeheuer in den hintersten Schlupfwinkeln verbergen. Überall herrscht Trübsal, Dunkelheit, Schrecken. Eine geeignete Brutstätte für die widerwärtigen Kreaturen, die das Licht scheuen, eine passende Kinderstube für

Monster. Schauen Sie in die dunklen Kammern Ihres Geistes, erkennen Sie, was er wirklich ist und was er hervorbringt. Blicken Sie nach innen – schauen Sie in sich hinein. Schließlich werden Sie erkennen. Kein Wunder, dass Sie vor Angst aufschreien und vor lauter Schreck davonlaufen. Aber nein, tun Sie das auf keinen Fall, sehen Sie hin und erkennen Sie sich so, wie Sie sind. Sie brauchen die Lektion. Jetzt, da Sie wahrnehmen, was Sie mit sich herumgeschleppt haben, und die Erkenntnis Sie krank macht, beginnen Sie an der Heilung des Übels zu arbeiten. Machen Sie die Türen und Fenster der Seele weit auf.

»Lass den Sonnenschein herein.«

Keine Angst, es gibt eine Menge Sonnenschein im Universum. Genug für alle. Der Vorrat ist unerschöpflich. Ziehen Sie ihn an. Nehmen Sie sich großzügig davon. Er ist für Sie da. Er gehört Ihnen – ganz allein Ihnen. Wie die Luft und der materielle Sonnenschein kostet er nichts. Er muss nicht verzollt werden. Er wird von keinem Syndikat oder Konzern kontrolliert. Er ist nicht künstlich bearbeitet. Er ist überall, einfach überall. Hallo Du, der da im Finstern hockt, hier gibt es Leben, Glück, Frieden und Freude für Dich! Freude, liebe Weggefährten, Freude! Öffnet weit die Türen und Fenster der Seele.

»Lass den Sonnenschein herein.«

Oh ja! Ich höre Sie einwenden, Sie könnten die Trübsal nicht vertreiben, die Sie umgibt. Unsinn. Wissen Sie denn nicht, dass Finsternis nichts Positives ist, sondern ein Ausdruck von Negierung. Eigentlich ist sie gar nicht vorhanden. Vielmehr ist sie nichts anderes als die Abwesenheit von Licht. Da haben Sie nun all die Jahre

darin verbracht und geglaubt, sie sei echt und Sie könnten sie nicht loswerden. Halten Sie einen Moment inne und denken Sie darüber nach. Wenn ein Zimmer in Ihrem Haus finster und dunkel ist, holen Sie dann jemanden, der die Dunkelheit abtransportieren soll? Oder versuchen Sie nicht eher selbst, sie zu beseitigen, weil Sie sich Licht wünschen? Natürlich. Sie nehmen die Sonnenbrille ab, öffnen die Fensterläden und der Sonnenschein strömt herein. Und siehe da, die Dunkelheit ist verschwunden! Genauso verhält es sich mit der Finsternis der Seele und des Geistes. Der Versuch, die Trübsal wegzuschaffen und die Schattenwesen zu vertreiben, wäre Energieverschwendung. Auf diese Weise werden Sie das Licht niemals hereinlassen. Alles, was Sie brauchen, ist zu erkennen, welchen Vorteil das Licht bringt; dass wir Licht brauchen und eine Fülle von Helligkeit voller Bangen darauf wartet, von uns eingelassen zu werden. Dann müssen Sie nur noch Folgendes tun:

»Lass den Sonnenschein herein,
lass den Sonnenschein herein.
Mache rein die Fenster,
öffne weit die Tür.
Lass den Sonnenschein herein.«

4| Der Hunger der Seele

Die Seele braucht ebenso Nahrung wie der Körper und der Geist – Der Wunsch und ein Versprechen, dass er erfüllt wird – Das Gesetz der Verwirklichung – Nahrung ist vorhanden, wenn wir sie brauchen – Nahrung ist im göttlichen Plan vorgesehen – Das Festmahl der Köstlichkeiten

Die Seele braucht Nahrung, ebenso wie der Körper und der Geist. Wir haben den Hunger nach spirituellem Wissen verspürt, der unseren Hunger nach Brot und geistiger Nahrung übertrifft. Wir litten an Seelenhunger und wussten nicht, womit wir ihn stillen sollten. Die Seele schrie nach Nahrung. Sie wurde so lange mit den Abfallprodukten der physischen Ebene abgespeist, dass sie fast verhungert wäre, weil die richtige Nahrung fehlt. Sie sucht überall nach dem Brot des Lebens und findet es nicht. Sie hat viele Ernährungsspezialisten um Informationen gebeten, wo sie Seelennahrung bekommen könnte, aber sie hat nichts als leere Hülsen dogmatischer Lehren und Glaubensvorstellungen erhalten. Schließlich fiel sie erschöpft um, überzeugt, es gäbe kein Brot für sie. Sie fühlte sich schwach und ausgelaugt und glaubte beinahe, alles sei nur eine unwirkliche Täuschung und Illusion des Geistes. Sie spürte den Schauder der Verzweiflung aufsteigen und alles schien ihr verloren.

Doch wir dürfen die Tatsache nicht aus den Augen verlieren, dass für den Seelenhunger wie für den körperlichen und geistigen Hunger irgendwo auf der Welt die Nahrung zu finden ist, die ihn stil-

len wird. Die bloße Existenz dieses Seelenhungers ist ein Beweis für das Vorhandensein der Nahrung, die das Absolute dafür bestimmt hat. Der Wunsch sagt die Erfüllung vorher. Der Wunsch und die Bewusstmachung desselben erfordern, sich die Mittel anzueignen, mit denen er erfüllt werden kann. Wenn es im Verlauf der Verwirklichung des Wunsches auf der körperlichen, geistigen oder seelischen Ebene zum Wohl des sich entwickelnden Egos notwendig wird, bestimmte Dinge anzuziehen, die es während des Entwicklungsprozesses braucht, besteht der erste Schritt zur Erlangung dieser Notwendigkeit in der Bewusstmachung eines großen und dringenden Wunsches – die Entstehung eines starken Begehrens. Dieses wird immer stärker, bis das Ego verzweifelt und beschließt, sich das Notwendige unter allen Umständen anzueignen. Dieses Streben wird zu seinem wichtigsten Lebensziel. Schüler auf diesem Entwicklungsweg erkennen diese Tatsache vielleicht leichter als andere. Das Unterbewusstsein einer Pflanze oder eines Tieres wird von diesem starken Wunsch überlagert. Alle bewussten und unbewussten Kräfte der Lebewesen streben danach, die notwendigen Voraussetzungen für ihre Entwicklung zu schaffen.

Auf der geistigen Ebene gilt das gleiche Prinzip. Wenn ein Mensch erst einmal von Hunger nach Wissen erfüllt ist, wird er seine frühere Umgebung verlassen und sich aus allen Umständen, die ihn zurückhalten, befreien und zu dem Ort streben, wo er dieses Wissen erlangen kann. Und er wird es erhalten. Wenn er es nur stark genug will, wird er es auch bekommen. Erinnern wir uns an Lincoln, der als Kind unter großen Mühen und Plagen nach Wissen strebte. Nach einem schweren Arbeitstag, wie ihn nur ein Bauernjunge kennt, las er am Feuer ein Buch. Wenn wir daran denken, können wir die Auswirkungen eines starken Begehrens verstehen, das den Geist eines Mannes oder Jungen, einer Frau oder eines Mädchens erfüllt.

Woher kommt dieser Hunger nach spirituellem Wissen und Wachstum? Wenn wir die Gesetze der spirituellen Entwicklung verstehen, fangen wir an zu erkennen, dass das Ego dabei ist zu wachsen, sich zu entwickeln und zu entfalten und alte, abgetragene Hüllen abzulegen. Es weckt neue Fähigkeiten und erforscht neue Gebiete des Geistes. In den überbewussten Bereichen der Seele schlummern viele Talente, die darauf warten, auf bewusste Weise manifestiert zu werden. Während Sie sich ihrer Geburt auf einer neuen Ebene nähern, entsteht ein Unwohlsein, das sich den unbewussten und bewussten geistigen Ebenen vermittelt und Ruhelosigkeit und Unbehagen bei dem Betreffenden verursacht, die ihn ziemlich beunruhigen. Er spürt den Drang nach Verwirklichung und Entwicklung und den Wunsch nach Wachstum, das sich in einem an Schmerz grenzenden Gefühl äußert. Jedes Wachstum und jede Entwicklung ist mit mehr oder weniger starkem Schmerz verbunden. Wir sprechen davon, wie wunderschön eine Pflanze wie die Lilie wächst, und wünschten, wir könnten genauso leicht und schmerzlos wachsen wie sie. Dabei vergessen wir aber, dass jedes Wachstum auch Zerstörung bedeutet, Losreißen ebenso wie Aufbau und Zugewinn. Das Wachstum der Lilie erscheint uns mühelos, aber wenn wir genau und mit klarem Blick hinschauen und spüren könnten, was in ihrem Organismus vorgeht, würde uns bewusst werden, dass sich ständig alles verändert, indem die Pflanzenfasern reißen, die Zellen verbraucht sind, Druck auf einengende Schichten ausgeübt wird und sie aufbrechen – all das bedeutet Wachstum, Entwicklung und Entfaltung. Wir sehen nur die Geburt der neuen Pflanzenteile und übersehen dabei den Schmerz und die Zerstörung, die ihr vorausgegangen sind. Alles im Leben manifestiert sich mit »Wachstumsschmerzen«. Jede Geburt geht mit Schmerz einher.

Ebenso verhält es sich mit der Geburt in die Bewusstwerdung dieser sich entfaltenden spirituellen Kräfte. Wir empfinden Un-

behagen, Unzufriedenheit, ja sogar Schmerz, während wir danach streben, uns diese Kinder der Seele bewusst zu machen. Wir spüren das Bedürfnis nach etwas, das unser inneres Selbst braucht, und suchen es überall. Wir schöpfen alle sogenannten Annehmlichkeiten des Lebens aus und finden darin keine Befriedigung. Dann bemühen wir uns, Trost und Linderung in intellektuellen Beschäftigungen zu finden, doch ohne Erfolg. Wir vertiefen uns in die Schriften der alten und zeitgenössischen Philosophen und Schriftsteller, aber wir stellen fest, dass sie für die hungernde Seele nichts als leere Worthülsen sind. Wir suchen in Glaubensvorstellungen und Lehren Trost. Wir erkennen zwar, dass wir ihn brauchen, seine wahre Natur hingegen begreifen wir nicht, aber wir finden auch dort keine Befriedigung. Vielleicht wechseln wir von einem Glauben zum anderen, von einer Philosophie zur anderen, von einer wissenschaftlichen Theorie zur anderen, doch wir hungern noch immer. Schließlich kommen wir an einen Punkt, an dem wir das Leben nicht mehr für lebenswert halten und alles nur noch wie blanker Hohn wirkt. So machen wir immer weiter und suchen unentwegt, aber die Suche bleibt ergebnislos.

Auf der physischen Ebene hat es der Mensch vergleichsweise einfach. Er lebt wie ein Tier, er denkt wie ein Tier und stirbt wie ein Tier. Die Probleme des Lebens kümmern ihn nicht. Er weiß nicht einmal, dass es sie gibt. In dieser Hinsicht ist er glücklich, und es scheint beinahe schade, dass er in diesem Zustand der animalischen Zufriedenheit gestört werden muss. Aber es muss sein, vielleicht nicht durch Sie oder mich, sondern durch das unvermeidliche Gesetz, das überall gilt und auch in ihm wirkt. Früher oder später muss er im Lauf seiner Entwicklung geweckt werden. Er wacht auf der geistigen Ebene auf, und damit fangen die Schwierigkeiten an. Auf der geistigen Ebene sieht alles für eine Weile wunderschön aus. Der Mensch erlebt sich als neugeborenes Wesen, das sich immer

weiterentwickelt, fühlt sich wie ein Gott und entdeckt seine intellektuellen Kräfte. Doch mit der Zeit befriedigen ihn diese Dinge nicht mehr. Die Entfaltung der höheren Talente wird zum Ärgernis, besonders weil er keine Erklärung dafür findet. Seine intellektuelle Bildung hat ihn vielleicht zu der Überzeugung gebracht, es gäbe nichts Höheres als den Geist, religiöse Gefühle seien nichts anderes als eine Folge der Gefühlsnatur und er habe sich darüber hinaus entwickelt. Doch er spürt immer noch dieses Etwas in seinem Inneren, das ihn weiterhin stört und ständig in Form von Gefühlen in sein intellektuelles Bewusstsein dringt, die seinen Theorien völlig zuwiderlaufen. Er hat sich dahin entwickelt, die Existenz eines höheren Wesens anzuzweifeln, und nachdem er Ernst Haeckels »Die Welträtsel« gelesen hat, meint er, die Frage habe sich für immer zufriedenstellend erledigt und die Antworten auf die Lebensprobleme lägen in seinen Glaubensvorstellungen – dem Materialismus.

Doch irgendwie fühlt er sich nicht wohl. Er spürt den Druck des wachsenden Etwas in seinem Inneren und wird ziemlich unruhig. Dieser Zustand dauert an. Er sucht überall nach der Wahrheit, hetzt von einer Gelegenheit zur nächsten, getrieben von der Sehnsucht nach Befriedigung seines Seelenhungers, doch er leugnet ständig, dass er irgendwelche Befriedigungen finden kann. Nach einer Weile erkennt er, dass sich ein neuer Bewusstseinszustand in ihm auftut, und trotz seiner geistigen Widerstände gegen alles Gute, das aus seinem Inneren fließt, muss er sich in dieser Wachstumsphase selbst annehmen und erkennen, dass er womöglich noch eine andere wissende Instanz besitzt als den Intellekt.

Es kann sehr lange dauern, bis er das akzeptiert, aber solange er sich dagegen auflehnt und dagegen ankämpft, wird er den Schmerz verspüren. Nur wenn er einen kurzen Einblick in den wahren Seinszustand der Dinge erlangt, öffnet er sich für die Entfaltung des

Göttlichen, die in seinem Inneren stattfindet, und heißt die Befreiung von den einengenden mentalen Fesseln freudig willkommen. Wenn sie gesprengt worden sind, bahnt sich die neue Kraft ihren Weg ins Bewusstsein. Er lernt die Entfaltung sogar zu unterstützen, indem er seine Gedanken für die spirituelle Entwicklung öffnet, und trägt dadurch zum Wachstum eines neuen Blattes der Seelenblume bei. So ist es schon immer gewesen. Der Mensch hat sich Stufe für Stufe entwickelt und jedes Mal gelitten, wenn die alten Schalen zerbrochen sind und abgeworfen wurden. Er neigt dazu, an ihnen festzuhalten und sie weiter zu pflegen, wenn sie längst ihren Zweck auf seinem Wachstumsweg erfüllt haben. Erst wenn er das Stadium erreicht hat, das vielen jetzt bewusst wird, und er den Wachstumsprozess versteht, ist er bereit und trägt gerne zu seiner Entwicklung bei, anstatt sich ihr widersetzen zu wollen. Er lässt sich auf die Vorgehensweise des Gesetzes ein, anstatt sie ablehnen zu wollen.

Leben bedeutet Bewegung. Wir bewegen uns durch alle Zeiten hinweg vorwärts und aufwärts. Der Mensch ist auf seinem Weg weit gereist, aber er wird noch viele Meilen mehr zurücklegen müssen, ehe er den Grund für seine Reise erkennt. Doch inzwischen hat er eine Stufe erreicht, wo er begreift, dass alles eine Bedeutung hat und Teil eines mächtigen Plans, eine notwendige Station auf seiner Reise ist und hinter jeder Wegbiegung Schatten spendende Bäume stehen und ein Brunnen, an dem er seinen Durst stillen und den Staub von der letzten Wanderung abwaschen kann.

Dieser Seelenhunger ist ganz real. Glauben Sie nicht, er sei eine Illusion, und versuchen Sie nicht, ihn zu leugnen. Wenn Sie ihn verspüren, seien Sie versichert, Ihre Zeit wird kommen und Sie werden mit allem versorgt werden, das den Hunger stillt. Verschwenden Sie Ihre Energie nicht damit, hier und dort nach Brot zu suchen. Sie werden es erhalten, wenn es am dringendsten gebraucht wird.

Im Leben gibt es so etwas wie spirituelles Verhungern nicht. Aber statt danach zu suchen, was Sie nähren könnte, schauen Sie nach innen. An jeder Station auf seiner Reise wird der Wanderer genügend Nahrung finden, die seinen augenblicklichen Hunger stillt – genug, um ihn bis zur nächsten Station am Leben zu erhalten. Dass für Sie gesorgt ist, gehört zum göttlichen Plan. Wenn Sie am richtigen Ort Ausschau halten, werden Sie immer fündig und ersparen sich viel Sucherei und Sorge. Seien Sie nicht ungeduldig, weil zu diesem Zeitpunkt das Festmahl für Sie noch nicht bereitsteht. Seien Sie mit dem zufrieden, was Sie bekommen, denn es erfüllt Ihre Bedürfnisse im gegenwärtigen Augenblick. Nach und nach werden Sie das Stadium erreichen, wo Sie sich das köstliche Festmahl verdient haben, und Sie werden eingeladen, zu feiern und sich auszuruhen, bis Sie für die nächste Reiseetappe bereit sind.

Die große spirituelle Welle, die gerade über die Welt schwappt, bringt die Wünsche nach Höherem mit sich, aber auch die Mittel, um sie zu befriedigen. Verzweifeln Sie nicht.

5 | Blicke empor!

Der alte Seemannsrat – Der Warnruf – Frieden und Zufriedenheit – Das geistige Gleichgewicht wiedererlangen – Die Prächtigkeit des Universums – Alles wird vom Gesetz bestimmt – Das Gesetz manifestiert sich überall – Ein demütiges Gefühl gelassenen, friedvollen Vertrauens – Blicke empor

Kürzlich hörte ich eine kleine Geschichte über einen Jungen, der in den alten Zeiten der Segelschiffe zur See fuhr. Eines Tages wurde ihm befohlen, bis auf die höchste Spitze des Mastes zu klettern. Als er ganz oben angekommen war und nicht mehr weiterkonnte, blickte er nach unten. Der Ausblick erschreckte ihn so sehr, dass er fast den Halt verloren hätte und kopfüber aufs Deck weit unten gestürzt wäre. Ihm war schwindelig und übel und es schien ihm beinahe unmöglich, sich am Mast festzuhalten. Unten in der Tiefe lag das Deck, das im Vergleich zur Weite des Meeres ringsum winzig wirkte. Die Schiffsbewegung gab ihm das Gefühl, als hinge er zwischen Himmel und Erde, ohne sich festhalten zu können. In seinem Kopf drehte sich alles, und er glaubte, das Bewusstsein zu verlieren und am Ende zu sein, als ihm unten vom Deck aus ein alter Seemann zurief: »Blicke empor, Junge! Schau nach oben!« Der Junge wandte seine Augen von der Szene dort unten ab und blickte empor. Er sah den blauen Himmel, die Schäfchenwolken, die friedlich vorbeizogen und noch genauso aussahen wie damals, als er auf den grünen Wiesen in seiner Heimat gelegen hatte. Ein seltsames Gefühl des Friedens und der Zufriedenheit stieg in ihm auf und das Gefühl der Bedrohung, des Schreckens und der Verzweiflung verschwand. Sein Geist wurde klar und kraftvoll, und schon bald konnte er den Mast hinabgleiten, bis er ein rettendes Seil fassen konnte, an dem er sich zur unteren Takelage herunterlassen konnte, bis er schließlich wieder das Deck erreichte.

Den Rat des alten Seemanns in der Stunde der Not vergaß er nie mehr. Immer wenn er sich in einer Gefahrensituation wie betäubt fühlte und voller Angst war, blickte er stets empor, bis er sich wieder beruhigt hatte.

Auch wir können uns die Worte des alten Seemanns zu Herzen nehmen und uns seine Weisheit einprägen. Bei Herausforderungen, Zweifeln, Sorgen und in schmerzlichen Situationen gibt es nichts Besseres als »emporzublicken«. Wenn wir unsere spirituelle Vision nicht mehr klar erkennen können und glauben, unsere spirituelle Sicht sei eingeschränkt und getrübt und wir den Glauben und das Vertrauen, die Hoffnung und den Mut verlieren, wenn entsetzliche Verzweiflung und Hoffnungslosigkeit in uns aufsteigen und unsere Sinne vernebeln und unseren Atem zum Stocken bringen, ist es Zeit, den Warnruf zu vernehmen: »Blicke empor, Junge! Schau nach oben!«

Wenn scheinbar alles verloren ist, wenn uns Dunkelheit umschließt, wenn wir den festen Boden verloren haben und keine Möglichkeit finden, ihn wiederzuerlangen, wenn alles hoffnungslos, finster, trübselig und schrecklich erscheint, wenn uns der Glauben offenbar verlassen hat, wenn der Schauder der Ungläubigkeit über uns kommt, dann ist es Zeit, dass wir uns zurufen: »Blicke empor, schau nach oben!«

Wenn wir die Rätsel des Universums, die Frage der Existenz mithilfe des Intellekts und ohne Unterstützung des Glaubens lösen wollen. Wenn wir unseren Geist fragen: »Woher komme ich? Wohin gehe ich? Was ist mein Lebensziel? Was ist der Sinn des

Lebens?« Wenn wir immer wieder auf dem beschwerlichen Weg des intellektuellen Argumentierens landen und er nicht zu enden scheint. Wenn wir laut nach dem Sinn des Lebens fragen und keine andere Antwort erhalten als das verzweifelte Echo unseres traurigen Rufs. Wenn das Leben eine Illusion und sinnlos zu sein scheint, wenn es scheinbar eine Qual ist, die ein böser Geist ersonnen hat, wenn wir das Gefühl der Verbundenheit mit der unendlichen Kraft verlieren, das uns früher getragen hat, wenn wir die unsichtbare Hand nicht mehr ergreifen können. Dann sollten wir zur Quelle der Weisheit und des Lichts aufblicken. Dann sollten wir den Schrei der Seele ausstoßen: »Blicke empor! Schau nach oben! Blicke hinauf!«

Gehen Sie in einer klaren, mondlosen Nacht hinaus in die Dunkelheit und betrachten Sie die Sterne. Sie werden unzählige leuchtende Punkte erkennen. Jeder Einzelne von ihnen ist eine Sonne, die genauso groß oder noch größer ist als die Sonne, die unserer kleinen Erde Licht spendet und Leben schenkt. Jede Sonne besitzt eigene Planeten, die sie umkreisen, von denen manche wiederum von Monden umkreist werden. Betrachten Sie den Himmel, so weit das Auge reicht, und stellen Sie sich vielleicht die zahllosen Sonnen und Galaxien vor und die Tatsache, dass es außerhalb unserer Sichtweite – nicht einmal in Reichweite der Teleskope – Milliarden anderer Galaxien und Sonnen gibt, überall um uns herum im ganzen Universum bis in die Unendlichkeit. Erinnern Sie sich daran, dass sich all diese Galaxien aufgrund des Gesetzes an ihrem Platz und auf ihren Umlaufbahnen befinden. Denken Sie daran, unter dem Mikroskop erkennen wir, dass sich das Gesetz auch in den kleinsten Teilchen verwirklicht. Alles, was uns umgibt, ist nichts anderes als eine Manifestation des Gesetzes. Das Ewige, unter dessen Obhut wir stehen, bemerkt den Absturz eines Spatzen, warum sollte es unsere Ängste, Zweifel und Sorgen nicht zur

Kenntnis nehmen? Schon sind Ihre Verzweiflung und Ihre Ungläubigkeit verschwunden, und stattdessen breitet sich ein andächtiges und friedvolles Gefühl der Ruhe und des Vertrauens in Ihnen aus.

Ja, in dem alten Seemannsspruch liegt ein tiefer Sinn verborgen. »Wenn du durchgerüttelt wirst, blicke empor!«

6| Morgen

Die Mühen und Sorgen von heute werden leichter, wenn wir uns nicht um das Morgen sorgen – Das geheimnisvolle Morgen und seine Schrecken – Wie wir den Sorgen von morgen begegnen – Das Morgen bringt ebenso sicher Chancen wie Kümmernisse – Das höchste Gesetz – Angst ist unnötig – Die wahre Zukunft

Die Pflichten eines jeden Tages wären ein Vergnügen, wenn wir davon absehen würden, gleichzeitig die Aufgaben von morgen zu erledigen. Die Sorgen von heute würden uns nicht mehr beunruhigen, wenn wir uns weigerten, die Sorgen von morgen vorwegzunehmen. Die Arbeit von heute geht leicht von der Hand, ungeachtet der Tatsache, dass wir uns den Spaß am gestrigen Tag verdorben haben, weil wir uns Sorgen über die Aufgaben des kommenden Tages gemacht haben. Die Sorgen von heute scheinen nicht halb so schlimm, wie sie von gestern aus betrachtet schienen, noch leiden wir nur annähernd so stark unter den heutigen Lasten wie gestern, als wir sie vorwegnahmen.

Heute ist ein vergleichsweise leichter Tag für uns. Aber, oje, was ist morgen? Ja, es gibt Probleme – morgen. Die Vergangenheit ist vorbei und die vergangenen Sorgen, Plagen, Schwierigkeiten, Missgeschicke und Pflichten erscheinen aus der Entfernung nicht mehr so schrecklich. Die Missgeschicke der Vergangenheit erweisen sich heute als getarnte Segnungen. Das Heute ist hier und wir scheinen ganz gut damit klarzukommen, außer dass wir uns vor dem Anbruch des morgigen Tages fürchten. Aber, oh du geheimnisvolles

Morgen – die Freude eines Kindes, das Schreckgespenst des »Erwachsenen« –, was sollen wir über das Morgen sagen? Wer weiß, welch schreckliche Monster in seinen finsteren Nischen lauern, welch beängstigende Aufgaben uns dort erwarten, welch furchtbare Gestalten mit glühenden Augen dort herumkriechen und auf unsere Ankunft warten? Keine Horrorgeschichte aus der Kindheit reicht an die Zukunftsängste in der Erwachsenenfantasie heran.

Das Gestern mit all den Schwierigkeiten, das Heute mit den drängenden Pflichten machen uns keine Angst, aber morgen, ach, das Morgen. Lassen Sie uns über morgen sprechen! Wer weiß, was der morgige Tag bringen wird? Erklären Sie uns, wie wir mit den Schrecken von morgen umgehen sollen! In der Tat eine leichte Aufgabe, liebe Freunde. Wir begegnen den Ängsten vor dem Morgen, indem wir bis morgen warten.

Fürwahr, die Befürchtungen vor dem morgigen Tag wären eigentlich lachhaft, wenn sie nicht so traurig wären. Die Sorgen von morgen können, werden oder müssen eintreffen. Aber was ist mit den zukünftigen Gelegenheiten, Chancen, Umständen, Helfern und der morgigen Kraft? Wissen Sie denn nicht, dass der Vorrat an Wohltaten nicht mit dem Ende des heutigen Tages erschöpft ist? Wissen Sie denn nicht, dass im Mutterleib der Zukunft Gelegenheiten schlummern, die zu Ihrem Nutzen sind, wenn die Zeit reif ist? Wissen Sie denn nicht, dass eine aufrichtige, zuversichtliche Erwartung des Guten dazu führt, dass sich günstige Gelegenheiten ergeben werden, die Ihnen in Zukunft dienen werden? Gut, dem ist so. Sie werden zunehmen, und wenn sie von Ihnen gebraucht werden, sind sie reif für die Ernte. Wässern Sie sie mit Vertrauen, umgeben Sie sie mit dem fruchtbaren Boden der Hoffnung, überschütten Sie sie mit den Sonnenstrahlen der Liebe, und die nahrhafte Frucht der Gelegenheit wird Ihr Lohn sein – morgen.

Sind Sie jemals bei dem Gedanken zusammengezuckt, was ge-

schehen würde, wenn die Sonne morgen nicht aufginge? Haben Sie jemals daran gezweifelt, dass im nächsten Frühling das Gras wachsen wird und die Bäume Blätter bekommen werden? Hatten Sie jemals Angst, der Sommer würde nicht kommen? Nein, natürlich nicht! Diese Ereignisse sind immer eingetreten, und Sie haben genug Vertrauen, um zu wissen, sie werden wieder geschehen. Doch Sie hatten Angst, dass es morgen keine Gelegenheiten, Chancen und günstige Umstände gäbe. Oh, Sie Kleinmütiger, wissen Sie denn nicht, dass dies keine Welt des Zufalls ist? Wissen Sie denn nicht, dass Sie unter dem großen Gesetz leben und diese Dinge dem Gesetz ebenso unterliegen wie die Jahreszeiten, das Getreide, die Erdrotation, die Planeten, die unzähligen anderen Sonnensysteme und das Universum?

Die abstrakte Vorstellung von dem Gesetz, das die Bewegungen von Abermillionen Galaxien steuert, dessen Regeln im ganzen Weltall gelten und das auch für die Kleinstlebewesen zuständig ist, die wir nicht einmal unter dem stärksten Mikroskop erkennen können, entzieht sich dem begrenzten Intellekt des heutigen Menschen. Der Absturz des Spatzen unterliegt dem Gesetz ebenso wie die Entstehung von großartigen Sonnensystemen. Trotzdem fürchtet sich der Mensch vor dem Morgen.

Unter allen Lebewesen steht er mit dieser Zukunftsangst allein. Kinder, Liebende und Philosophen trifft dieser Fluch nicht. Die ersten beiden blicken voller Freude und Vertrauen in die Zukunft, weil ihre Liebe die Angst vertreibt. Der Verstand des Philosophen lehrt ihn das, was die anderen beiden mit ihrer Intuition erkannt haben. Das Kind begreift intuitiv, dass die unendliche Versorgung unerschöpflich ist, und erwartet natürlich die morgige Versorgung ebenso wie den Sonnenaufgang. Es hat Vertrauen in das Gesetz, bis ihm diejenigen, die alt genug sind, um Angst zu haben, Furcht in seinen empfänglichen Geist einflößen. Das Kind weiß, dass wir

»im Meer immer gute Fische fangen können«, aber der »Erwachsene« fürchtet, der Fisch von heute könnte der letzte gewesen sein, und kann den heutigen Fang wegen seiner Besorgnis über den Niedergang der Fischerei nicht schätzen.

Aber nein! Ich glaube nicht daran, die Hände in den Schoß zu legen und darauf zu warten, dass mir »das mir Zustehende« zufallen wird. Ich *weiß*, dass »das mir Zustehende« kommen wird, weil ich meine Aufgabe, die mir das Gesetz gestellt hat und die heute unmittelbar vor mir liegt, gut erfülle. Ich glaube an die Arbeit – gute Arbeit, aufrichtig, freudig und zuversichtlich getane Arbeit. Ich glaube an die Freude, die mir die Arbeit macht, und den Spaß am kreativen Prozess. Ich glaube auch, dass derjenige, der seine Arbeit an einem Tag zu einem bestimmten Zeitpunkt bestmöglich erledigt, auch morgen voller Glauben, Hoffnung und Vertrauen arbeiten wird. Die Angst verschwindet aus seinem Geist und wird durch Mut ersetzt. Ich glaube oder vielmehr bin ich davon überzeugt, dass dieser Mensch niemals einen leeren Vorratsschrank vorfinden wird oder seine Kinder um Brot bitten müssen.

Darüber hinaus glaube ich, dass der morgige Tag so sein wird, wie wir ihn uns heute in unseren Gedanken ausmalen. Ich glaube, dass wir heute unsere Gedankensamen aussäen, die über Nacht aufgehen und morgen Früchte hervorbringen werden. Ich glaube, dass sich Gedanken in Taten umsetzen und wir das sind und sein werden, was wir durch unser Denken verwirklichen. Ich glaube, dass die Gedanken ständig unseren Geist und Körper prägen und den Erfolg eines Menschen bestimmen. Ich glaube, dass die schreckliche nächtliche Vorahnung verschwindet, wenn der Mensch seine Furcht ablegt, und wenn er seine Augen öffnet anstelle des Schreckgespenstes das lächelnde Gesicht einer strahlenden Lichtgestalt erscheint, die sich mit liebevollem Blick über ihn beugt und ihm mit sanfter Stimme zuflüstert: »Ich bin das Morgen.«

7| In den Tiefen der Seele

Informationsschatz, reiches Wissensreservoir, ungeschliffene Edelsteine und kostbares Edelmetall warten auf den Entdecker – Psychische und spirituelle Fähigkeiten – Mysteriöse gegenseitige Anziehung der Seelen – Der Fels der Ewigkeit – Die Stimme der Seele

Tief in der Seele verborgen liegt ein Informationsschatz, der darauf wartet, an die Oberfläche des Bewusstseins zu dringen. Ein reiches Wissensreservoir verbirgt sich dort. Ungeschliffene Edelsteine ruhen in ihr und sehen dem Tag entgegen, an dem sie entdeckt und ans Licht des Bewusstseins gebracht werden. Kostbare Edelmetall-Adern warten geduldig auf den Tag, an dem ein spiritueller Abenteurer nach ihnen sucht und sie ans Licht bringt. Der menschliche Geist ist eine wunderbare Vorratskammer, in der alle möglichen Schätze und Kostbarkeiten versteckt sind, von denen wir bisher nur einen Bruchteil entdeckt haben.

Wir besitzen Fähigkeiten, die noch nicht einmal von der modernen Wissenschaft erkannt wurden. Psychische und spirituelle Fähigkeiten, die so wirklich sind wie die bereits bekannten Talente und die eine wichtige Rolle in unserem Alltag spielen, besonders dann, wenn wir uns ihres Vorhandenseins bewusst geworden sind. Viele von uns bemerken diese Kräfte kaum und zweifeln an ihnen oder verleugnen sie. Andere haben eine Ahnung von ihrer Existenz, aber sie wissen nicht, wie sie sie einsetzen können, und ziehen nur den geringsten Nutzen daraus. Andere haben diese wunderbaren

Talente in sich geweckt, die sich in ihrem Inneren entwickeln und entfalten, und ein paar wenige sind so weit gekommen, die Entwicklung dieser höheren geistigen Fähigkeiten zu fördern, und sind von den erzielten Ergebnissen fast verblüfft. Im Osten und Westen verwenden die Menschen unterschiedliche Methoden zur Entwicklung dieser Fähigkeiten. Jede Richtung dient den Menschen, die sie benutzen, am besten.

Wenn wir diese Fähigkeiten aus dem Überbewussten auf die Ebene des Bewusstseins holen, erhält unser Leben eine völlig neue Bedeutung. Vieles, was bisher im Dunkeln lag, wird nun klar und verständlich. Niemand kann die Einheit aller Dinge begreifen, solange er seine spirituellen Kräfte nicht ausreichend entwickelt hat – so, dass er sich ihrer bewusst wird. Blinder Glauben oder blindes Vertrauen auf die Worte eines anderen können dem Wahrheitssuchenden niemals zu dem Erfolg verhelfen, der mit einem einzigen Bewusstseinsschimmer erreicht werden kann, der auf die verborgenen Schätze der Seele fällt. Ein kurzer Blick in die Tiefen der Seele bringt mehr als das Lesen von Tausenden von Büchern oder die Lehren von Hunderten von Lehrern. Wer einmal diesen kurzen Einblick gewonnen hat, wird ihn nie mehr vergessen. Vielleicht zweifelt er ihn gelegentlich an, ein andermal scheint die Erinnerung verblasst und unzuverlässig, aber er wird in all seiner Frische und Klarheit zurückkehren, und sogar im Augenblick des Zweifels verlieren wir ihn niemals ganz.

Das wahre Wissen um die Existenz Gottes erlangen wir nicht mit dem Intellekt. Wir können das Gottes-Thema aufgreifen und unser Leben lang darüber diskutieren, nur um am Ende verwirrter zu sein als zuvor. Doch ein einziger Bewusstseinsstrahl, der die Tiefen unseres Inneren beleuchtet, wird uns die völlige Gewissheit bringen, dass es Gott gibt. Danach kann unser Vertrauen in die Wirklichkeit und Existenz der höchsten Macht durch nichts mehr

erschüttert werden. Wir werden die Natur des göttlichen Wesens und seiner Existenz nicht begreifen, aber wir werden um sie wissen und den Frieden und das grenzenlose Vertrauen in das Göttliche spüren, das mit dem kurzen Erkennen der Wahrheit verbunden ist. Wir werden die vielen menschlichen Theorien über Gott und sein Wirken nicht besser verstehen. Tatsächlich werden wir uns von Diskussionen und dem Versuch, das Unendliche mit den beschränkten Möglichkeiten des Endlichen zu beschreiben, eher gelangweilt abwenden. Doch wir werden uns bewusst sein, dass im Kern aller Dinge die universelle göttliche Präsenz vorhanden ist und wir uns in ihr sicher und geborgen fühlen und uns ihr anvertrauen können. Vom Standpunkt des Absoluten aus betrachtet erscheinen die Sorgen, Kümmernisse und Herausforderungen des Lebens tatsächlich eher unbedeutend, während unsere Welt von der relativen Warte aus gesehen oft wie die reinste Hölle wirkt.

Ein weiterer Blick in die Seelennischen enthüllt uns die Einheit allen Seins. Wir erkennen Gott als das Herz allen Lebens und das Universum als eine einzige Einheit.

Das Einssein allen Lebens wird offensichtlich, und wir fühlen uns nicht nur mit der Menschheit verbunden, sondern mit allen Lebewesen. Die belanglose Unterscheidung in Klassen, Rassen, Rang, Kaste, Nationalität, Sprache oder Heimatland verschwindet und wir sehen alle Menschen als unsere Brüder an. Auch gegenüber den niedrigeren Manifestationen des Lebens verspüren wir Sympathie und Liebe. Sogar Felsen und Steine begreifen wir als Teile des Ganzen und fühlen uns nicht mehr getrennt davon. Wir erkennen, was das Universum ist, reisen in unserer Fantasie zu den entferntesten Sternen und wissen instinktiv, dass wir dort nichts Fremdes vorfinden würden – auch dort wären alle Dinge Stückchen des gleichen Ganzen.

Wir fangen an, die mysteriöse gegenseitige Anziehung der Seelen zu verstehen, die wir alle schon einmal erlebt haben. Wir erkennen, dass wir Liebe für jedes Lebewesen empfinden können – für jeden Mann oder jede Frau. Die Intensität und Ausdrucksweise unterscheidet sich natürlich je nach Geschlecht und Nähe der Seelenverwandtschaft. Sie macht uns toleranter, denn sie führt dazu, dass wir alles, was wir vorher als Sünde betrachteten, jetzt als Unwissenheit erkennen. Wir empfinden Mitgefühl anstatt Hass. Ach, diese kurzen Einblicke in die hintersten Winkel der Seele erteilen uns wirklich viele neue Lektionen.

Dabei besteht eine der wichtigsten Lehren darin, auf diese Weise zur Erkenntnis der Unsterblichkeit der Seele zu gelangen. Mehr oder weniger aufrichtig glauben wir vielleicht an diese Vorstellung. Unser Glauben und unsere Einstellung hängen in unterschiedlicher Ausprägung von unseren frühen Kindheitserfahrungen ab, doch solange wir uns unseres Inneren nicht bewusst geworden sind, haben wir keine wirkliche Gewissheit und sind uns nie ganz sicher. Viele gute Menschen werden diese Behauptung von sich weisen und erklären, sie hätten noch nie am Weiterleben der Seele nach dem Tod gezweifelt, aber schauen wir einmal genauer hin, wie sie sich verhalten. Wenn sich ihr Tod nähert, klagen und weinen sie laut im Todeskampf und hadern mit Gott, warum er ihnen das antut. Sie ergehen sich in Klagen und trauern, als ob ein geliebter Mensch getötet und ihnen genommen worden sei. Ihr ganzes Verhalten beweist nur, dass sie kein umfassendes Bewusstsein für das tatsächliche Weiterleben nach dem Tod haben. Sie sprechen von den Verstorbenen, als hätten sie sie für immer verloren, als wäre ihr Leben einfach weggewischt und nichts mehr von ihnen übrig. Wie kalt und leer klingen die Trostworte von Freunden und Verwandten, die dem Trauernden versichern, es ginge dem Verstorbenen »jetzt besser« und alles wäre »zu seinem Besten« oder ähnliche Klischees, die wir verwenden. Eines ist sicher: Wer einmal einen Einblick in sein

Inneres genommen hat, weiß um seine Unsterblichkeit und geht mit dem Tod anders um. Wenn er nicht aufpasst, wird ihm unterstellt, er sei herzlos oder habe kein Mitgefühl für den Kummer der anderen. Aufgrund seiner Lebensanschauung halten ihn die sonntäglichen Kirchgänger, die fest an die Lehren der Kirche glauben, für einen Narren. Wenn er sich selbst als identisch mit seiner Seele betrachtet und sich für ein unsterbliches Wesen hält, dessen Körper nur eine vorübergehende Hülle oder ein Instrument ist, mit dem es sich ausdrückt; wenn er daran glaubt, dass er jetzt ebenso unsterblich ist wie in der Zukunft und ihn kein Vulkanausbruch oder Zugunglück vernichten kann, kurz, wenn diese Überzeugung so stark ist, dass sie ein Bestandteil seines realen Alltagslebens geworden ist … warum halten ihn diejenigen für »komisch«, die diese Glaubenssätze jeden Sonntag hören und erschrocken wären, wenn man sie des Zweifels daran bezichtigen würde? Dies ist ein Beispiel für den Unterschied zwischen »Glauben« und »Bewusstsein«.

Laufen Sie jetzt nicht davon und werfen mir vor, ich würde behaupten, Kirchgänger hätten keine Vorstellung von der Wahrheit der Unsterblichkeit der Seele, denn das habe ich nicht gesagt. Es gibt viele Gläubige, die zu der von mir beschriebenen Erkenntnis gelangt sind, aber viele eben auch nicht. Es gibt zahlreiche Männer und Frauen – die kaum jemals eine Kirche von innen gesehen haben –, die diese Erfahrung gemacht haben, und sie bedeutet ihnen mehr als alle Predigten, die sie jemals gehört haben. Es geht nicht darum, ob wir in die Kirche gehen oder nicht, sondern um nichts anderes als unsere spirituelle Entwicklung. Ich gehe in die Kirchen der verschiedenen Konfessionen und sie gefallen mir alle. Der Gottesdienst der katholischen Kirche spricht mich ebenso an wie eine konventionelle Methodistenversammlung. Ich stimme nicht allen Glaubenslehren und Theorien zu, die ich in den unterschiedlichen Kirchen höre, aber ich picke mir aus allen etwas Gutes heraus.

Wenn ich die Wahl habe, bevorzuge ich ein traditionelles Quaker-Treffen, wo vielleicht die ganze Zeit über kein einziges Wort gesprochen, doch bei dem zweifellos eine starke spirituelle Kraft manifestiert wird. Ich habe sogar einmal eine sehr gute Erfahrung in einer orthodoxen Kirche gemacht, wo der ehrwürdige Pfarrer, der nicht an die »höhere Kritik« oder neue Glaubensvorstellung glaubt, einen amüsanten Vortrag über die Schrecken der Hölle und die Situation der Verdammten einschließlich der ungetauften Kinder hielt. Einer derartigen Predigt kann ich lauschen, während wohlige Schauer über mich laufen, und mich überkommt eine starke Freude, weil ich die innere Gewissheit habe, dass es einen Gott der Liebe gibt und nicht etwa ein Wesen voller Hass, Zorn und Rachegelüste, das die ewige, universelle Kraft, der liebende Vater sein soll, wie uns der arme Prediger glauben machen will. Ich habe also nichts gegen Kirchen. Ich mag sie alle und glaube, dass jede von ihnen denjenigen, die sich von ihr angezogen fühlen, ihr Bestes gibt. Ich habe den Lesungen der Heilsarmee zugehört und viel Gutes darin gefunden. Wie viele von Euch Anhängern des Neuen Denkens oder hochtrabende Kirchenmitglieder würden nur halb so viele Opfer für das bringen, was Ihr für die Wahrheit haltet – wie der Soldat der Heilsarmee oder die Halleluja-Sängerin an jedem einzelnen Tag ihres Lebens? Halten Sie einen Moment inne, bevor Sie sie auslachen. Einige von ihnen besitzen mehr Spiritualität in ihrem kleinen Finger als viele von uns im ganzen Körper.

Manchmal fühlen wir uns verwirrt und sind voller Unruhe. Wir möchten alle unsere Lebensprobleme mit dem Verstand lösen. Wir quälen uns mit den Einschränkungen ab, die uns auferlegt sind. Wir wünschten, wir würden alles verstehen. Wir argumentieren auf unterschiedlichste Weise, wir folgen jeder Spur, jedem Pfad und jedem Weg in der Gedankenwelt, aber leider finden wir dort nicht, was wir suchen. Bei unserer Suche vergessen wir gerne die Gewiss-

heit in uns, dass alles in der Welt und in uns gut ist. Wir lehnen uns gegen die Anweisungen der Seele auf, gegen das Wissen aus unserem inneren Selbst und möchten das Wissen mithilfe unseres Intellekts aus unseren alten Kanälen beziehen. Gut, manchmal sind wir in Aufruhr, quälen uns herum und beklagen uns über unsere Unfähigkeit, das Problem zu lösen. Wir entwickeln eine Lösungsstrategie, nur um sie wieder zu verwerfen. Wir nehmen einen neuen Standpunkt ein, nur um ihn durch einen anderen zu ersetzen, bis keiner mehr übrig ist. Am Ende dieser intellektuellen Ausschweifungen bleibt uns nur die Feststellung »Ich weiß es nicht«. Wenn der Kampf dann vorüber ist, erhaschen wir so deutlich wie schon zuvor einen Blick auf die Wahrheit in unserem Inneren. Wir vernehmen die Stimme der Seele und befinden uns wieder im gleichen alten Bewusstsein. Wir sagen uns: »Vielleicht kann ich diese Sache mit meinem Verstand nicht begreifen, aber ich weiß, sie ist wahr. Ich kann die Stimme der Seele nicht anzweifeln.«

Dieses Wissen aus dem Inneren ist wie ein Fels in der Brandung, gegen den die Wellen schlagen und ihn vollständig überspülen und ihn verbergen, bis es scheint, als sei er für immer aus dem Sichtfeld verschwunden und die donnernden Wellen hätten ihn mitgenommen. Blitz und Donner und die Gewalt des Sturms richten sich scheinbar gegen diesen Felsen. Der Dämon des Sturms scheint ihn zermahlen zu wollen, bis nichts mehr von ihm übrig ist als winzige Sandkörner, die sich über den Strand verstreuen. Überall herrscht Dunkelheit und Finsternis, Aufruhr, Wut und Schrecken. Nach ein paar Stunden legt sich der Sturm, der Morgen dämmert und die ersten Sonnenstrahlen küssen den Felsen zärtlich, der dem Toben des Sturms standgehalten hat und unversehrt wieder aufgetaucht ist. Ein Beweis für seine Überlegenheit gegenüber den Elementen.

Der Sturm ist vorbei. Wer könnte diesen Felsen jetzt noch zerstören? Schmettern Sie die Wellen des Zweifels, der Logik, des kritischen Verstands, der Ungläubigkeit, des Starrsinns, des Theoretisierens an diesen Felsen der Seele. Strengen Sie sich bis zum Äußersten an und bieten alle Kraft auf, die in Ihnen steckt, geben Sie Ihr Bestes – und Ihr Schlechtestes. Ziehen und zerren Sie, trommeln Sie und schlagen Sie nur um sich. Was haben Sie damit erreicht? Nachdem der Sturm vorbei ist und sich die Wolken verzogen haben, wenn der Himmel wieder blau ist und die Sonne wieder scheint, steht der Fels immer noch – unbeschädigt, unverändert, unerschütterlich bis in alle Ewigkeit. Allmählich wird sich der Mensch der Festigkeit und Unerschütterlichkeit des Felsens bewusst werden. Er wird erkennen, welche Bedeutung er für ihn hat und dass er nur auf ihn bauen kann, auch wenn die Wellen, die gegen ihn schlagen, gut und nützlich sind und nicht abgewertet werden dürfen.

Verachten Sie den Intellekt und seine Lektionen nicht, sondern denken Sie daran: Sie haben eine andere Wissensquelle in sich, Sie besitzen spirituelle Kräfte, die sich entwickeln und die Sie benutzen können. Vertrauen Sie auf die Wirkung dieser Fähigkeiten und hören Sie auf die Stimme der Seele.

8| Vergiss es

Warum sollte man sich um die Vergangenheit sorgen? – Die Sorgen der Vergangenheit umarmen – Was sollen wir mit ihnen anfangen? – Vergiften Sie Ihr Leben nicht – Schmerz bringt Erfahrung – Lernen Sie Ihre Lektion – Wie Sie den Trübsinn loswerden – Werfen Sie ihn hinaus – Vergessen Sie ihn

Oftmals kann man aus der Umgangssprache und den Gegenwartsphrasen Nützliches lernen. Besonders die Umgangssprache spricht mich an, ebenso wie die hohlen Phrasen, die sich die Menschen unterwegs zuwerfen. In vielen dieser Sprüche verdichten sich praktische Wahrheiten in ein paar Wörtern, die als Gesprächseröffnung dienen könnten oder als Einleitung eines Essays oder sogar eines Buchs. Die Alltagserfahrungen der Menschen kristallisieren sich in einer einprägsamen Redewendung. Wenn ich unterwegs bin, höre ich zurzeit sehr häufig den Rat »Vergiss es«. Er scheint mir viel gesunden Menschenverstand zu enthalten. Wenn die Leute ihn in die Praxis umsetzen würden, gäbe es viel mehr fröhliche Gesichter – und leichtere Herzen. Denn was nützt es schon, ein langes Gesicht zu ziehen und sich mit einem schweren Herzen zu belasten, nur weil in der Vergangenheit bei uns irgendetwas »schiefgegangen ist« oder wir sogar selbst etwas »verbockt haben«? (Was bei den meisten von uns der Fall ist, wie auch bei mir.) Was nützt es? Vergessen Sie es!

Natürlich werden Sie die vergangenen Erfahrungen nicht ver-

gessen und wollen dies auch nicht. Erfahrungen zu sammeln ist ein Grund, für den wir leben. Wenn wir einmal aus Erfahrung wirklich etwas gelernt haben, vergessen wir es nie mehr. Die Erfahrung ist ein Teil von uns geworden. Aber warum sollte uns die Erinnerung an Schmerz, Kränkung, »Ausrutscher«, Liebeskummer, verletzte Gefühle, Vertrauensmissbrauch, Fehlentscheidungen, verpasste Gelegenheiten, Dummheit, Sünde, Elend und die Vorstellung, »was gewesen wäre, wenn …« und dergleichen, quälen? Wozu sollte das gut sein? Ich wiederhole: »Vergessen Sie es.«

Wenn sich jemand wegen allem Sorgen macht, was in der Vergangenheit schiefgelaufen ist und nicht in Ordnung war; wenn jemand jeden Tag jede einzelne dieser Erinnerungen hervorkramt, hegt und pflegt und umarmt; wenn jemand diese uralten Gespenster und Phantome, diese muffigen, von Motten zerfressenen Altkleider hervorholt, warum wohl wird er keine Zeit für die gegenwärtigen Pflichten haben? Er wird den Spaß am Jetzt, die ganze Lebensfreude im gegenwärtigen Augenblick, jedes Interesse an den heutigen Geschehnissen verlieren. Oje, mein Lieber, wozu soll das dienen? Vergiss es, vergiss es.

Manche Menschen sind nur dann glücklich, wenn sie an einer längst verblassten Sorge festhalten können, und haben ein schlechtes Gewissen, wenn sie einmal für einen kurzen Moment ein Lächeln aufsetzen und die alte Sache vergessen. Oh, wie sie sich mit ihrem aufpolierten Unglück brüsten und es genießen, sich von den Schmerzen und Sorgen, den Fehlern und Dummheiten zu befreien, die Jahre zurückliegen. Wie gerne sie den Schlaufuchs an ihrer Seite haben und zulassen, dass er sich vor Sorgen verzehrt. Solche Menschen sind wirklich glücklich im Unglück und fänden ihr Leben nicht lebenswert, wenn ihnen ihre Lieblingssorgen weggenommen würden. Natürlich habe ich dagegen nichts einzuwenden, wenn diese Leute wirklich glücklich sind, weil sie unglücklich

sind. Jeder Mann und jede Frau hat das Recht, auf seine oder ihre eigene Weise glücklich zu werden, und ich nehme an, jeder Weg dorthin ist richtig. Ich finde nichts verkehrt daran, wenn jemand einen anderen Weg verfolgt als ich. Aber ist es nicht schade, wenn Menschen ihre Zeit, Energie, Gedanken und ihr Leben für diesen alten Kummer verschwenden? Wenn Sie schon an die Vergangenheit denken müssen, warum nicht an die schönen anstatt an die düsteren Ereignisse? Denken Sie an die Augenblicke des Glücks, nicht an die des Kummers. Machen Sie keine Gruft aus Ihrem Gedächtnis. Lassen Sie auf keinen Fall zu, dass eine schmerzhafte Erfahrung Ihr augenblickliches Leben vergiftet. Wozu sollte das gut sein? Vergessen Sie sie.

Jeder kleine Schmerz, der Ihnen zugefügt wurde, brachte eine Erfahrung mit sich, die Sie besser, klüger und offener gemacht hat. Wenn Sie ihn so betrachten, werden Sie aufhören, sich zu beklagen und sich den Kopf darüber zu zerbrechen, dass Sie in der Vergangenheit »Dinge getan haben, die Sie besser gelassen hätten, während andere Angelegenheiten unerledigt geblieben sind, um die Sie sich hätten kümmern sollen«. Unsinn! Sie haben an Erfahrung gewonnen und wissen es jetzt besser. Wenn Sie noch einmal in die gleiche Lage zurückversetzt werden würden und hätten die dadurch gewonnene Erfahrung noch nicht, würden Sie sich noch einmal genauso verhalten. Sie könnten nichts dafür, weil Sie immer noch der Alte wären. In Wirklichkeit möchten Sie gerne noch einmal in der gleichen Lage sein und vor der gleichen alten Herausforderung oder Problemlösung stehen, doch diesmal mit der Erfahrung aus dem früheren Fehler. Sie wollen alles auf einmal haben. Sie wollen die Erfahrung ohne den Schmerz. Ich weiß aus eigener Erfahrung, dass Sie sich genau das wünschen. Sie haben die Erfahrung dazugewonnen, also seien Sie zufrieden. Eines Tages werden Sie sie brauchen, und dann werden Sie froh darüber sein und erkennen, dass sie die ganze Mühe wert war. Sie sind nicht dieser Meinung? Gut, dann haben Sie vielleicht noch nicht genug davon und haben Ihre Lektion noch nicht gelernt. Falls dem so ist, wird Sie das Gesetz irgendwann noch einmal damit konfrontieren, bis Sie es verstanden haben. Das Gesetz akzeptiert unausgegorene Menschen nicht. Sie begehen also einen großen Fehler. Ich wiederhole: Vergessen Sie es.

Diejenigen, die alte Trübsal mit sich herumschleppen, befinden sich im Allgemeinen in einer Stimmung, die ähnliche Ereignisse anzieht. Unglück liebt Gesellschaft. Ein negativer Gedanke ist ebenso gesellig und zieht fast immer irgendein schlimmes Geschehnis an, um seiner Einsamkeit zu entrinnen. Die einzige Möglichkeit, einen trübsinnigen Gedanken loszuwerden, besteht darin, ihn zu vergessen.

Falls Sie gerade irgendeinen Lieblingskummer hegen, der Ihre Lebenskraft aufzehrt, an Ihrem Herzen nagt, Ihren Geist vergiftet, holen Sie ihn hervor und betrachten ihn noch einmal mit Ihrer ganzen Aufmerksamkeit. Verabschieden Sie sich von ihm. Wenn Sie möchten, umarmen Sie ihn noch ein letztes Mal. Öffnen Sie dann das Fenster Ihres Geistes und werfen ihn hinaus in die Dunkelheit.

Vergessen Sie ihn!

9 | Gottes Kindergarten

Das Leben ist eine große Schule – Der Mensch ist ein Kind, das seine Lektion lernt – Vorbereitung auf die höhere Schule – Die Spiel-Aufgabe – Was das alles bedeutet – So wie die Dinge sind – Weise und gute Regeln – Jede Herausforderung hat einen Sinn – Den Kindergärtner willkommen heißen

Ich betrachte das Leben als große Schule und den Menschen als Kleinkind, das seine kleinen Lektionen lernt, seine kleinen Aufgaben erfüllt, seine kleinen Spiele spielt, seine kleinen Freuden genießt, seine kleinen Schmerzen, Enttäuschungen, Prüfungen und Sorgen erleidet.

Ich glaube, dass wir erst im Kindergartenalter unserer Existenz sind und die ersten Lebenserfahrungen machen und uns auf das höhere und reichere Leben vorbereiten, das auf uns wartet. Ich glaube, dass diese kleine Kindergarten-Lernerfahrung so lange andauert, bis wir diese Lektionen und die Prinzipien, die für unseren kindlichen Verstand gelten, gut verstanden haben. Darüber hinaus bin ich der Meinung, dass wir die höhere Schule nur erreichen, wenn wir bewiesen haben, dass wir unsere kleinen Aufgaben beim Weben, Bauen, Malen, Modellieren und Singen bewältigt haben und dort auf dem Basiswissen über das Leben aufbauen und uns die Grundsätze der kosmischen Mathematik aneignen werden. Außerdem glaube ich, dass jede kleine Lektion erst gründlich gelernt werden muss, bevor der nächste Schritt gemacht wird. Ich meine, jeder von uns muss seine eigene Aufgabe erfüllen, seine eigene Lektion ver-

innerlichen, bevor er die Erfahrung gewinnen und bei der Lösung der Aufgabe von dem erworbenen Wissen profitieren kann. Vielleicht inspiriert uns ein besserer Schüler oder ein einfühlsamer Mitschüler ermutigt uns, aber die Aufgabe müssen wir früher oder später alleine lösen, und wir allein können uns über den Erfolg freuen.

Obwohl einige Kinder von der Spiel-Aufgabe des Kindergartens begeistert sind, wissen sie, dass es doch nur eine kindgemäße Anforderung und keine echte Lebensaufgabe ist. In gleicher Weise erreichen wir vielleicht einen Punkt, wo wir erkennen, dass das sich ständig verändernde Spiel des Lebens – selbst wenn wir es genießen – nichts anderes als eine Vorbereitung auf die höheren Lebensaufgaben und daher nur in dieser Hinsicht von Bedeutung ist. Wenn das Kind zu dieser Erkenntnis gelangt, lässt sein Interesse am Spiel nicht unbedingt nach, ebenso wenig wie seine Freude an der Aktivität, am Schaffen, Arbeiten und dem Sammeln neuer Erfahrungen. Sie verhindert auch nicht zwingend, dass wir als Erwachsene voller Begeisterung Kindergarten-Spiele machen – nicht allein deshalb, weil wir erkennen, dass wir dabei wertvolle Lernerfahrungen machen, sondern auch weil uns das Spiel an sich Spaß macht.

Wenn wir erkennen, was diese Lebenseinstellung bedeutet, werden wir neue Alltagsfreuden entdecken, uns über unsere kleinen Erfolge beim Modellieren der gewünschten Form oder beim geschickten Teppichweben freuen wie ein Kind. Wir werden mit Tränen in den Augen lächeln lernen, wenn unser kleiner Teppich reißt oder unsere Tonfigur herunterfällt und zerbricht, wenn unser Tageswerk zerstört ist.

Wir werden die kleine Lektion der Liebe und der Kameradschaft lernen. Wenn wir engstirnig und egoistisch sind, werden wir erfahren, dass uns die Freude entgeht, die vielen geschenkt wird, die gelernt haben, mehr Liebe auszudrücken. Wir werden entdecken, dass Liebe Liebe hervorbringt und die Liebe, die wir ausdrücken,

wiederum von der Liebe in den Herzen unserer kleinen Spielgefährten erwidert wird. Wir werden erkennen, dass das Kind, das Liebe für andere empfindet und zum Ausdruck bringt, niemals nach Freunden suchen, keine Einsamkeit erleiden oder Angst haben muss, in der Kälte alleingelassen zu werden. Die wahre persönliche Anziehungskraft des Kindes (und des Erwachsenen) entsteht überwiegend aus Liebe, deren magnetische Kraft nie versagt. Aus bitterer Erfahrung und der dummen Vorstellung, wir wären getrennt von unseren kleinen Spielkameraden, werden wir lernen und begreifen, dass es uns nichts als Kummer einbringt, wenn wir uns absondern. Wir werden erkennen, dass Egoismus nichts als Schmerz bringt und Geben ebenso viel Freude macht wie Nehmen. Wir werden auch etwas über Geschwisterlichkeit und deren Vorteile erfahren und uns die wahre Demokratie des Kindergartens einprägen. Diese (und andere) Lektionen werden wir gut lernen, bevor wir uns weiterentwickeln.

Wie das Kind fragen wir uns, welchen Nutzen dies alles hat, grämen uns über die anspruchsvolleren Aufgaben, reiben uns an der Beschränktheit auf, ärgern uns über die Einschränkungen und – weil wir das alles nicht verstehen – ergehen uns in Klagen, Protesthaltungen und Rebellion. Wie das Kind können wir nicht erwarten, den Grund dafür zu begreifen, bis wir über das Kindergartenalter hinaus sind und in die höheren Schulklassen kommen.

Wenn ein Mensch beginnt, sich selbst zu erkennen, wird er sich des »Ich bin« bewusst, begreift die Dinge so, wie sie sind, und lernt allmählich ihren wahren Wert schätzen. Und obwohl er sich noch nicht von den Kindergartenspielaufgaben befreit hat, kann er sich praktisch schon von außen betrachten und sich selbst beim Spielen beobachten. Er weiß, dass er sich Wissen aneignet, seine Aufgaben meistert, seine Wünsche auslebt und über sie hinauswächst, neue Erfahrungen macht und sammelt. Aber er bewertet die Geschehnisse nur im Hinblick auf ihren letztendlichen Sinn und lässt sich nicht mehr von ihrer offensichtlichen augenblicklichen Bedeutung täuschen. Er fängt an, die Dinge im richtigen Verhältnis zu betrachten. Er nimmt sich (oder die Angelegenheiten) nicht mehr zu ernst. Er genießt den Spaß am Spiel, aber er weiß, dass es nur ein Spiel und die kindliche Freude daran ist. Er ist deshalb nicht enttäuscht, sondern lacht darüber. In seiner Kindhaftigkeit leidet er auch unter Sorge, Kummer, Enttäuschung, Demütigung und Ärger, aber auch wenn die Tränen fließen, lächelt er wissend. Er lacht, wenn er sich freut, er weint, wenn er leidet, aber immer »weiß« er. Er genießt die Spielsachen, Geschenke und Belohnungen, aber er erkennt sie als das, was sie sind, denn er weiß. Er spielt gekonnt mit den unwissenden Kindern, aber er ist sich dessen bewusst. Seine Desillusionierung verdirbt ihm nicht den Spaß an der sportlichen Herausforderung, er macht weiter (denn er muss spielen), wissend, aber mit Vergnügen. Ja, mit Vergnügen, weil er sich bewusst ist. Er weiß, dass die Kinderspiele gut sind, aber er sieht sie nur als Vorboten auf etwas noch Besseres. Er weiß, dass er »dem Guten in sich nicht entkommen kann«. Er weiß, dass dieses Gute auch in seinen Spielkameraden schlummert (auch wenn sie es nicht wissen), und da er voller Liebe ist, freut er sich darüber.

Er spürt, dass die Regeln der Schule weise und gut sind, und obwohl er es noch nicht ganz verstehen kann, sieht er, dass überall alles umfassende Gerechtigkeit herrscht, wie sich am Ende zeigen wird. Er weiß, dass er Unterstützung bekommen wird, sobald er sie verdient hat. Er weiß, dass ihm eine Prüfung auferlegt wird, sobald er dafür bereit ist, keinen Augenblick früher. Er weiß, dass ihm keine Aufgabe auferlegt wird, ehe er sie nicht erfüllen kann.

Er weiß, dass er Tag für Tag geprüft, trainiert und gestärkt wird und jede unangenehme und unliebsame Pflicht eine wichtige Bedeutung hat. Er weiß, dass jede Aufgabe, die ihm gestellt wird, in

Einklang mit dem Gesetz steht, das seine Kräfte, Fehler, Fähigkeiten und Schwächen berücksichtigt und ihn besser versteht als er sich selbst. Er weiß, dass bereits die Auferlegung einer Prüfung garantiert, dass er sie bestehen kann. Er kennt seine verborgenen Kräfte, sein Kraftpotenzial, sein Wissensreservoir, die aus seinem Unbewussten strömen werden, wenn die zuversichtliche Erwartung des wissenden Vertrauens sie hervorlockt.

In diesem Bewusstsein ist er voller Mut und nimmt seine täglichen Pflichten beherzt in Angriff. In der Gewissheit, dass er jegliche Angst, Sorge und Unzufriedenheit ablegt, mit dem Lächeln der Liebe im Gesicht und der Freude des Glaubens im Herzen heißt er den Kindergärtner mit Zuversicht und Vertrauen willkommen.

10 | Der Miesmacher

Er findet nichts gut – Er erwartet das Schlechte und bekommt es – Er zieht es an – Er wirkt auf jeden und alles deprimierend – Eine Aura negativen, deprimierenden Denkens umgibt ihn – Wie ein feuchter Händedruck – Er bringt das Feuer der Energie zum Verlöschen – Nehmen Sie sich in Acht

Sind Sie schon einmal einem Miesmacher begegnet? Fangen wir damit an, dass er an nichts etwas Gutes findet. Er hält jeden Mann für einen Schurken und jede Frau für eine Intrigantin, die den Männern den Kopf verdrehen will. Er hält Ausschau nach dem Schlechten, erwartet, es zu finden, und das geschieht dann auch. Im Allgemeinen bekommt man, wonach man sucht. Er zieht an, wonach er sucht, und kann keine anderen Eigenschaften erkennen als die, über die er selbst verfügt. Jeder versucht ihn offenbar zu betrügen und zu verhöhnen. Ich habe keinen Zweifel daran, dass ihm das höhere Gesetz eine Menge Leute mit dazu passenden Eigenschaften schickt. Um zu verhindern, dass ihn andere Menschen ausnutzen, bemüht er sich nach Kräften, sie seinerseits im gleichen Maß zu übervorteilen, wie er befürchtet, von ihnen betrogen zu werden. In der Folge verabreichen ihm gewöhnlich diejenigen, mit denen er zu tun hat, eine Dosis von seiner eigenen Medizin. Er vertraut niemandem. Er ist so durchtrieben, dass er das Garn nachmessen würde, nur um sicherzugehen, dass ihm der Ladenbesitzer auf der Garnrolle nicht ein paar Zentimeter unterschlagen hat. Komischerweise stößt er damit das Gesetz an, das eine Rolle

mit zu wenig Garn in die Schachtel legt, damit sie ihm in die Hände fällt. Er hält sich für überaus schlau und bemüht sich, sich entsprechend kleinkariert zu verhalten, sodass er infolgedessen all die kleinen und ein paar große Gauner anzieht, die sich zufällig im Bereich seiner Anziehungskraft aufhalten, während andere Charaktere von seiner negativen Einstellung und Gedankenkraft abgestoßen werden. Komisch, nicht wahr?

Bei jedem Vorhaben sieht er nur eine Katastrophe auf sich zukommen. Natürlich wird er den Plan damit zunichtemachen und das Problem wird sicher eintreten. Als Magnet für negative Gedanken hat er einen Riesenerfolg. Er scheint ein wahres Genie darin zu sein, alles falsch zu machen. Dennoch glaubt er nicht an die Anziehungskraft der Gedanken oder »ähnlichen Unsinn«. Er hält sich für zu klug, um sich mit derart lächerlichen Theorien auseinanderzusetzen, obwohl sein Leben der beste Beweis für die Richtigkeit der Lehren des Neuen Denkens ist.

Niemals sagt er »Ich kann und ich werde es schaffen«. Wenn er jemand anderen hört, der eine ketzerische Bemerkung wie diese macht, bringt er ihn mit ein paar »Vermutungen«, »Wenn und Aber«, bedauerndem Kopfschütteln und einigen Seufzern zum Schweigen. Scheinbar lautet sein Motto: »Es hat keinen Sinn, es zu versuchen. Du kannst es ja doch nicht.« Bei ihm scheint das Land stets vor die Hunde zu gehen und er selbst steht offenbar ständig kurz vor dem Bankrott.

Ich brauche wohl kaum hinzuzufügen, dass Angst, Sorge, Eifersucht und Argwohn seine engsten Freunde sind. Diese Befürchtungen begleiten ihn. Gemeinsam mit der restlichen negativen Gedankenbrut fressen sie ihn auf. Sie nisten sich in seinem Denken ein und vermehren sich dort rasend schnell. Noch dazu laden sie häufig ihre Freunde zu Besuch ein.

Natürlich geht es niemanden etwas an, wenn ihm diese Einstel-

lung gefällt, aber es ist nicht angenehm, ihm zu begegnen. Eine Aura negativen, deprimierenden, trübsinnigen Denkens umgibt ihn, die sich auf alle überträgt, mit denen er in Kontakt kommt. Wenn Sie ihn in einen Raum voller fröhlicher Menschen stecken, wird die Unterhaltung innerhalb von ein paar Minuten unterbrochen, die Wärme der Liebe und Freundschaft verschwindet und die Stimmung wird kühl und frostig. Jemand wird darum bitten, die Heizung aufzudrehen, und sich fragen, warum der Hausmeister an einem Tag wie diesem nicht geheizt hat. Nähern Sie sich einem Miesmacher, wenn Sie vor Energie, Ehrgeiz und Elan sprühen, wenn Sie das Gefühl haben, Sie könnten jedes Hindernis überwinden, und Sie werden erleben, wie der Miesmacher Ihr Feuer auslöscht. Innerhalb kürzester Zeit werden Sie sich fragen: »Wozu soll das gut sein?« Außer Sie verstehen Ihr Geschäft und wissen, wie Sie sich vor dem Einfluss negativer Gedankenwellen schützen, die von diesem Menschen ausgehen. Nehmen Sie sich in Acht vor ihm.

Ich bedauere diesen Menschen und seine Artgenossen aus tiefstem Herzen. Er bekommt von den Annehmlichkeiten des Lebens nichts ab und bemerkt sie nicht einmal. Er verpasst die Freude am Leben. Er betrachtet alles mit neidischen Blicken. Das Glück eines klaren Kopfes, liebevollen Herzens und einer freundschaftlich gereichten Hand kennt er nicht. Er ist so sehr damit beschäftigt, nach dem verdorbenen Fallobst auf dem Boden Ausschau zu halten, dass er die vollkommenen Früchte an den Ästen über sich nicht wahrnimmt, die reif für die Ernte sind. Er ist so auf den Straßenschmutz fixiert, dass er den klaren blauen Himmel über sich nicht sieht, ebenso wenig wie die wundervolle Landschaft, die auf der Wiese spielenden Kinder, die Mutter, die ihr Baby stillt, oder das betagte Ehepaar, das Hand in Hand vorbeitrottet. Diese Dinge gibt es für ihn nicht. Sein Geist ist so voller Angst, Argwohn, Misstrauen und kleinkarierter Boshaftigkeit, dass die Liebe keinen Platz darin hat.

Doch sogar dieser Zustand hat sein Gutes, denn viele Menschen finden ihren Optimismus nur, indem sie zuerst in tiefen Pessimismus verfallen. Sie gelangen ins Himmelreich nur auf dem Weg, der sich durch das schattige Tal des Todes schlängelt. Sogar dieser Zustand wird vorübergehen. Alles ist gut, so wie es ist.

11| Genau zielen

Angst zieht ebenso an wie Begehren – Lernen Sie, genau und auf das Richtige zu zielen – Beispiele – Der Bowlingspieler – Der Radfahrer und die Straßenbahn – Der Radfahrer und der Telegrafenmast – Der Junge und die Murmeln – Weisheit vom Säugling abschauen – Blicken Sie geradeaus, denken Sie geradlinig, zielen Sie genau

Ein starker Wunsch oder Angstgedanke zielt auf das Gewünschte oder Befürchtete. Im Verhältnis zur Stärke des Wunsches oder der Angst werden wir an unser Ziel gebracht. Zuversichtliche Erwartung manifestiert sich in einer Angstvorstellung ebenso wie in aufrichtigem Begehren. Wenn wir zuversichtlich erwarten, dass etwas geschehen wird, werden wir mit unerschütterlicher Kraft dorthin geführt. Es mag Ihnen komisch vorkommen, dass ich Angst mit Begehren gleichsetze, aber es ist wahr. Es spielt keine Rolle, ob wir es Begehren oder Angst nennen, das Entscheidende ist die sichere Erwartung. Eine leise Hoffnung oder eine vage Befürchtung haben die gleiche Anziehungskraft – ein Wunsch, der mit dem festen Glauben an seine Verwirklichung verbunden ist, besitzt eine starke Anziehung, aber nicht mehr als die Furcht, die mit der Gewissheit einhergeht, dass sie sich bewahrheiten wird. Worauf Ihr Gedanke mit fester Überzeugung abzielt oder wovon er angezogen wird, wird sich auch verwirklichen. Deshalb sollten Sie genau zielen.

Wir haben schon viel von der Anziehungskraft der Gedanken

im Hinblick auf das Begehren gehört. Nun möchte ich Ihnen erklären, dass ängstliche Gedanken die gleiche Kraft bewirken. Ich spreche viel lieber über den positiven Aspekt dieses Themas, aber ich würde Ihnen gegenüber meine Pflicht vernachlässigen, wenn ich Ihre Aufmerksamkeit nicht auch auf die andere Seite der Medaille lenken würde. Wenn Sie gut verstanden haben, dass die Gedankenkraft in beiden Richtungen gleichermaßen wirksam ist, werden Sie wissen, wie Sie mit ihr umgehen sollten, und werden darüber hinaus vieles begreifen, was zuvor im Dunklen lag. Sie werden lernen, genau zu zielen, aber auch Ihr Ziel sorgfältig auszuwählen. Sie werden lernen, sich nicht mehr auf Ziele auszurichten, die mit Angst verbunden sind. Und infolgedessen werden Sie all Ihre Energien dafür einsetzen, mit Ihrem geistigen Pfeil auf das Schwarze zu zielen, wo sich Glück und Erfolg befinden. Betrachten wir einmal ein paar Tatsachen auf der physischen Ebene, um ihre Wirkungsweise auf der geistigen Ebene des Bemühens zu verdeutlichen. Im Leben finden sich Entsprechungen auf allen Ebenen. Indem wir ein Beispiel auf einer Ebene betrachten, können wir die Wirkungen des Gesetzes auch auf den anderen besser verstehen.

Vor einiger Zeit sprach ich mit ein paar Leuten über dieses Thema. Ich sammelte von allen Beispiele für die Wirkungsweise des Gesetzes der Anziehung auf der physischen Ebene. Obwohl jedes Ereignis auf der physischen Ebene stattfand, wurde die Kraft des Geistes deutlich, die dahinterstand. Ich werde Ihnen nun erzählen, was mir einige dieser Menschen mitteilten. Dann werden Sie selbst herausfinden, was ich damit meine.

Die erste Geschichte stammt von einem Drucker, der nach der Arbeit viel Zeit beim Bowling verbrachte und als Experte darin galt. Er erzählte, dass er vor einiger Zeit bei einer Bowlingpartie an einem kritischen Punkt angelangt war und sich vornahm, mit der

Kugel zwischen die Pins 1 und 2 zu zielen (ein besonders vorteilhafter Wurf), als sein Gegner sagte: »Passt mal auf, wie er Pin 4 trifft.« Ich kenne mich mit Bowling nicht aus, aber scheinbar ist es für einen Bowlingspieler am ungünstigsten, wenn er Pin 4 trifft, außer er verfehlt alle Pins. Gut, wie also ging es weiter? Die Bemerkung seines Rivalen rief Angst in den Gedanken des Druckers hervor. Er konnte sich auf nichts anderes mehr konzentrieren als auf Pin Nummer 4. Er blickte auf die Stelle, die er treffen wollte, aber sein Geist zielte auf den 4. Pin und er befürchtete, ihn zu treffen. Um es mit seinen eigenen Worten auszudrücken, »wurde er völlig aus dem Konzept gebracht«, und die Kugel rollte los und traf haargenau auf Pin 4. Seine Geschichte beendete er folgendermaßen: »Statt alle zehn Pins mit einem Strike abzuräumen, bekam ich nur einen Split.« Vielleicht verstehen Sie das besser als ich, aber auf jeden Fall können Sie erkennen, wie sich bei einem ganz gewöhnlichen Spiel mit zehn Pins die Angst auf diesen Spieler auswirkte. Die Moral von der Geschichte: Wenn Sie Ihre Energie-Kugel zwischen Pin 1 und 2 lenken wollen, erlauben Sie der Angst nicht, sich davon abbringen zu lassen, stattdessen auf Pin 4 zu zielen und auf diese Weise nur einen »Split« statt des begehrten »Strikes« zu erlangen.

Ein anderer Freund erzählte mir, er sei vor ein paar Tagen in Chicago mit der Straßenbahn gefahren. Er hörte den Schaffner laut fluchen und bemerkte einen Farbigen auf einem Fahrrad, der die Schienen unmittelbar vor der Bahn überqueren wollte. Es gab genug Platz und es war genug Zeit, aber als er die Mitte der Schienen erreicht hatte, überkam ihn die Angst und sein Rad fuhr plötzlich direkt auf die Bahn zu, als ob er Kurs auf sie genommen hätte. Im nächsten Moment stieß er mit ihr zusammen. Er blieb unverletzt, aber sein Fahrrad war kaputt. Auf Nachfragen erklärte er, von dem Augenblick an, wo er Angst vor der Bahn bekam, hätte sich sein Fahrrad selbstständig gemacht und wäre genau auf das Angst aus-

lösende Objekt zugesteuert. Die Moral von der Geschichte: Konzentrieren Sie Ihren Geist auf das angestrebte und nicht auf das unerwünschte Ziel.

Ein anderer, dem ich die Geschichte von dem Straßenbahnfahrgast erzählte, berichtete mir von ähnlichen Schwierigkeiten, als er Fahrradfahren lernte. Er machte gute Fortschritte, aber als er halbwegs geradeaus fahren konnte, wenn auch noch recht wackelig, sah er eines Tages auf seinem Übungsplatz einen Telegrafenmast vor sich, der ihn magisch anzog. Von diesem Tag an steuerte sein Fahrrad nur noch auf den Mast zu. Er konnte sich nicht mehr von ihm fernhalten – er hatte Angst vor ihm. Scheinbar verfügte der Mast über magnetische Anziehungskräfte. Das Ergebnis war ein Zusammenprall. Immer wieder bestieg der Mann sein Fahrrad, aber es kam immer wieder das Gleiche dabei heraus. Zuletzt beschloss er, den Mast zu überwinden, und schleppte sein Fahrrad um ihn herum (doch seine Gedanken verweilten immer noch bei ihm). Prompt machte sein Fahrrad eine Kehrtwende und er fuhr wieder auf den Mast zu. Die Moral von dieser Geschichte: Lassen Sie nicht zu, dass Sie aus Angst von einem Telegrafenmasten magisch angezogen werden, sondern lenken Sie Ihre Gedanken auf die Stelle, an die Sie gelangen möchten.

Doch das beste Beispiel stammt von einem Jungen, der mit offenen Augen und wachem Verstand durchs Leben ging. Ich gebe diese Geschichte lieber genauso wieder, wie er sie mir erzählt hat: »Oh, Mann!«, sagte der Junge, »Sie machen aber viel Trara um eine Kleinigkeit. Jeder Esel weiß doch, dass Sie nur an etwas denken müssen, wenn Sie es bekommen wollen. Doch wenn Sie an das Falsche denken, werden Sie natürlich das Verkehrte bekommen. Wenn ich mit einem Stein auf eine Blechdose werfe, blicke ich die Dose mit geradem Blick an, denke mit aller Kraft an sie und werde sie mit Sicherheit treffen. Sollten meine Gedanken zu der Katze abschwei-

fen, die zufällig im Schuppen links daneben liegt, na ja, Pech für die Katze! Um geradeaus zu werfen, muss man gerade zielen. Um gerade zu zielen, muss man geradeaus schauen. Um geradeaus zu schauen, muss man seine Gedanken genau darauf ausrichten. Jedes Kind weiß das, sonst könnte es nicht mit Murmeln spielen. Wenn mein Herz für eine schöne Murmel im Kreis schlägt, dann will ich sie unbedingt haben und sage mir: ›Du gehörst mir.‹ Dann betrachte ich sie intensiv und ausdauernd und denke an nichts anderes als an dieses schöne Stück. Vielleicht komme ich zu spät zur Schule, doch darüber zerbreche ich mir nicht den Kopf. Ich sehe und denke an nichts anderes als an diese Murmel, die ich haben will. Wie in meinem Lesebuch steht, ist sie mein »Herzenswunsch«, und da kümmert es mich nicht, ob die Schule schon angefangen hat oder nicht, solange ich sie noch nicht bekommen habe. Dann ziele ich auf die Murmel und sie gehört mir. In der Schule zeigt uns die Kunstlehrerin, wie wir eine gerade Linie zeichnen können. Sie malt zwei Punkte, die ein paar Zentimeter voneinander entfernt sind. Wir sollen unseren Stift auf einen Punkt setzen und den anderen mit den Augen fixieren und unseren Stift dorthin bewegen. Je mehr Sie an den zweiten Punkt denken und je weniger an den Ausgangspunkt oder Ihre Hand, desto gerader wird die Linie. Wenn ich meinen Blick direkt auf den entfernten Punkt richte, dabei jedoch an das rothaarige Mädchen auf der anderen Seite des Klassenzimmers denke, wohin male ich wohl den Strich? Er wird in ihre Richtung verlaufen, obwohl ich meinen Blick weiterhin auf den zweiten Punkt gerichtet und nicht einmal in ihre Richtung geschielt hatte. Das beweist, dass es ebenso sehr am Denken liegt wie am Blick. Verstehen Sie?«

Alle hier angeführten Beispiele enthalten die Prinzipien einer tiefen Wahrheit und verdeutlichen ein großes Lebensgesetz. Wenn wir klug sind, können wir von ihnen profitieren. Um uns herum

geschehen täglich viele Dinge, aus denen wir etwas lernen können, wenn wir nur ein wenig nachdenken würden, anstatt das Spiel »Ich folge meinem Meister« zu spielen und die vorgefertigte Meinung anderer zu übernehmen. Wir sind so an diese überlieferten Gedanken gewöhnt, dass wir beinahe vergessen haben, selbstständig zu denken. Doch jetzt ist die Zeit gekommen, wo wir unseren eigenen Kopf ein wenig anstrengen müssen, anstatt uns vor einer altbackenen Autorität demütig zu verneigen, die auf einem brüchigen Podest hockt. Es ist Zeit, uns für uns selbst einzusetzen, anstatt für einen verstaubten Vorläufer, der schon »bessere Tage« gesehen hat. Jetzt leben wir im Zeitalter des Individuums, in dem sich das Ich zur Geltung bringt.

Hoffentlich schenken Sie der Geschichte des Jungen Aufmerksamkeit. Nicht zum ersten Mal orientieren wir uns an einem Kind, wenn wir Weisheit suchen. Obwohl ein Kind eine Fantasie besitzt, von der wir keine Ahnung haben, ist der Junge gleichzeitig und auf schmerzhafte, ja sogar grausame Art und Weise wirklich. Er fragt ständig: »Warum?« Wenn wir Erwachsenen keine Antwort finden, beantwortet er sich die Frage selbst – oftmals besser, als wir es gekonnt hätten. Er versteigt sich nicht in Theorien, sondern befasst sich mit der Praxis und findet die Dinge selbst heraus. Dieser Junge wusste über die Rolle, die das Denken bei Problemlösungen spielt, Bescheid und wandte sein Wissen praktisch an, während wir darüber theoretisieren. Er hatte entdeckt, dass wir uns die Dinge, wenn wir sie bekommen wollen, zuerst fest wünschen müssen. Dann müssen wir zuversichtlich erwarten, dass wir sie bekommen werden, und uns daran machen, sie uns zu beschaffen. Das ist die wahre Philosophie, die dahintersteckt, wie man etwas erreicht. Als er die Murmel haben wollte, »wollte er sie unbedingt« und »es kümmerte ihn nicht, ob die Schule schon angefangen hatte oder nicht«, solange er die Murmel noch nicht besaß. Er »hielt seinen Blick in-

tensiv und fest auf sie gerichtet« und sagte sich: »Du gehörst mir.« Dann warf er und die Murmel gehörte ihm. Könnte jemand besser als dieser Junge beschreiben, wie man etwas erreicht? Wenn wir Erwachsenen nur das gleiche Interesse und die gleiche Aufmerksamkeit für unsere täglichen Pflichten aufbringen würden, die dieser Junge für sein Murmelspiel aufwandte, dann würden wir öfter »die Murmel bekommen« als bisher.

Natürlich mag es stimmen, dass die ursprüngliche Freude darin besteht, etwas zu bekommen, anstatt es zu besitzen, und das Leben in dieser Hinsicht wie das Murmelspiel ist, aber was soll's. Das muss den Spaß am Spiel nicht verderben. Der Junge weiß genug, um es zu genießen, wenn er um ein paar Murmeln spielt, die er für ein paar Groschen in jedem Laden um die Ecke kaufen könnte, aber diese Tatsache kümmert ihn nicht. Er weiß, dass die Murmel nur noch halb so schön ist, wenn er sie in der Hand hält, als sie vorher im Kreis wirkte, aber er ist bereit, um die nächste mit genauso viel Schwung und Begeisterung zu spielen. Er findet Freude am Leben, Handeln, Tun, Selbstausdruck, Wachstum, an der Entwicklung und am Sammeln von Erfahrungen. Lernen Sie von ihm, während Sie das große Spiel spielen. Interessieren Sie sich so sehr dafür wie der Junge. Spielen Sie es mit Begeisterung, geben Sie auf Ihrem Niveau Ihr Bestes und gewinnen Sie die Murmel. Der Junge weiß instinktiv, dass die Freude am Leben darin besteht, es zu leben, während wir armen Erwachsenen uns vergeblich vorstellen, unsere Lebensfreude läge nur darin, etwas beim Spiel zu gewinnen – die Glasmurmeln des Lebens. Wir betrachten das Spielen als harte Arbeit, die uns von unseren Vorvätern als Strafe für unsere Sünden auferlegt wurde. Der Junge lebt im Jetzt und genießt jeden Augenblick seines Lebens – seine Gewinne und Verluste, seine Siege und Niederlagen, während wir, die älter und weiser sind, über die Mühsal des Tages und die Härte des Spiels stöhnen und unsere Pflich-

ten nur akzeptieren, wenn wir daran denken, wie wir uns über den Besitz der Murmeln freuen werden, wenn wir sie am Ende bekommen. Der Junge genießt jeden Bissen von seiner Orange und saugt den süßen Saft aus ihr heraus, während wir das Fruchtfleisch wegwerfen, weil wir es nur auf die Kerne abgesehen haben. Oh ja, der Junge weiß nicht nur, wie er etwas erreicht, sondern er verfügt auch über eine gesunde Lebenseinstellung. Viele von uns Erwachsenen lernen jetzt aufs Neue, was wir mit unserer Jugend verloren haben.

Sie werden bemerken, dass der Bowlingspieler, der Fahrradfahrer und die anderen das bekommen haben, was sie nicht wollten, weil sie Angst davor hatten und zugelassen haben, dass ihre Gedanken von dem Wunschobjekt abgelenkt wurden. Etwas zu befürchten wirkt ähnlich, wie sich etwas zu wünschen – in beiden Fällen werden Sie davon angezogen oder ziehen es an. Diese Gesetzmäßigkeit wirkt in beiden Richtungen. Sie müssen an das Gewünschte denken, nicht an das Unerwünschte, denn die Gedanken, die Sie aussenden, verwirklichen sich. Wie der Junge sagte: »Sie müssen nur an etwas denken, wenn Sie es treffen wollen. Wenn Sie an das Falsche denken, werden Sie natürlich das Verkehrte treffen.« Halten Sie Ihren Blick auf Ihr Ideal gerichtet, nicht auf das Schreckgespenst. Konzentrieren Sie sich auf Ihr Ideal, richten Sie Ihre Gedanken und Ihren festen Blick darauf wie der Junge auf seine Murmel und lassen Sie sich nicht von der Angst ablenken. Suchen Sie sich ein Ziel, das Sie erreichen wollen. Gehen Sie geradewegs und beständig darauf zu. Ersetzen Sie das alte Gejammer »Ich habe Angst« durch die Bekräftigung des Neuen Denkens »Ich kann und ich werde es schaffen«. Dann werden Sie erleben, wie ein Gedanke in die Tat umgesetzt wird.

Blicken Sie geradeaus, denken Sie geradlinig, zielen Sie genau. In diesen drei Regeln verbirgt sich das Geheimnis des Erfolgs.

12| Zu Hause

Haben Sie keine Angst – Sie sind zu Hause – Nicht zufällig hier – Sie gehören hierher – Sie sind die Seele – Sie sind unverletzlich – Sie können nicht vertrieben werden – Sie sind richtig im Universum, es gibt nichts außerhalb von ihm – Großes Glück erwartet Sie – Fühlen Sie sich ganz wie zu Hause

Keine Angst. Sie leben in Ihrem eigenen Zuhause. Dieses Universum wurde für Sie erschaffen, damit Sie darin wohnen, es in Besitz nehmen und genießen. Fühlen Sie sich nicht fremd darin, sondern ganz wie zu Hause. Die wunderbaren bereits entdeckten und noch unbekannten Naturgesetze sind alle zu Ihrem Nutzen da, wenn Sie weit genug entwickelt sind, um zu verstehen, wie Sie Gebrauch davon machen können.

Haben Sie geglaubt, Sie seien zufällig hier oder ein Außerirdischer? Falls dem so ist, werden Sie eines Besseren belehrt. Sie sind als Erbe des Herrenhauses geboren. Der ganze Grundbesitz steht Ihnen zur Verfügung, wenn Sie erwachsen werden. Niemand kann Sie enteignen oder hinauswerfen. Sie sind zu Hause. Sehnen Sie sich nach einem anderen Heim? Ärgern Sie sich über die Herausforderungen und Schwierigkeiten in dieser Welt und meinen, woanders sei es besser? Nun, nirgendwo wird es besser für Sie sein, solange Sie die Herausforderungen und Schwierigkeiten am jetzigen Ort nicht angenommen und gemeistert haben. Sie befinden sich in genau der Situation, die für Sie notwendig ist. Sie bekommen genau das, was Sie verdienen. Solange Sie die Wahrheit dieser Tatsa-

che noch nicht erkannt haben, werden Sie in den gleichen Umständen und der gleichen Umgebung verharren. Wenn Sie erst einmal verstanden haben, dass Ihre Lebensumstände in Ordnung sind, Sie gerecht behandelt werden und genau das bekommen, was Sie selbst anziehen, werden sich neue Situationen, Umgebungen, Aufgaben, Lernerfahrungen und Freuden auftun.

Manche Leute sprechen über den Tod. Sie meinen, wenn sie ihren letzten Atemzug auf der Erde getan haben, seien sie jemand anderer. Sie halten sich für eine »Seele«, die sich verabschiedet. Ob ich daran glaube? Natürlich. Ich weiß es. Aber darüber hinaus weiß ich, dass wir jetzt die gleiche Seele sind wie in einer anderen Welt. Dachten Sie, irgendein wunderbares Wesen wüchse in Ihnen heran und dieses Wesen wäre Ihre Seele? Unsinn! Sie sind die Seele. Und der Teil von Ihnen, der nicht zu Ihnen gehört und abgelegt wird, waren niemals Sie selbst. Derjenige, der »Ich bin« sagt, ist wirklich – das wahre Selbst – und alle anderen Teile sind nichts anderes als Werkzeuge und Hilfsmittel, die er benutzt. Warum können Sie das nicht erkennen? Sie reden von »meiner Seele«, »meinem Geist« und so weiter. Warum kann ich es nicht mehr hören? Weil derjenige, der denkt und spricht – Sie selbst –, die »Seele« oder »der Geist« sind, von dem Sie reden. Sie tun so, als ob Sie Ihr Körper seien, der sich ständig verändert. Sie sind wie der Junge mit dem alten Messer. Ständig ließ er es reparieren, sieben neue Schneiden und drei neue Griffe dranmachen, und dennoch blieb es stets das gleiche alte Messer. Sie könnten jedoch einmal aus Ihrem Körper schlüpfen (und vielleicht tun Sie das sogar öfter, als Sie sich vorstellen können) und blieben immer noch derselbe. Sie könnten Ihren Körper abstreifen wie Ihre Kleider und wären doch nach wie vor dasselbe Individuum. Individualität und Persönlichkeit unterscheiden sich auf wunderbare Weise. Erstere können Sie nicht verlieren, Letztere kann verändert werden.

Wozu sollte es gut sein, wenn wir Angst haben? Niemand kann das wahre Selbst verletzen und auslöschen. Würde ein einziges Atom der Seele zerstört, ginge ihre ganze Struktur kaputt. Sie können nicht aus dem Universum vertrieben werden, weil es keinen anderen Ort gibt, an dem Sie angesiedelt werden könnten. Sie können das Universum nicht verlassen, denn es gibt nichts außerhalb. Es gibt keinen Ort für Sie, der außerhalb des Alls liegt.

Sie sprechen von Zeit und Ewigkeit. Warum? Sie leben genau jetzt in der Ewigkeit. In diesem Augenblick befinden Sie sich bereits in ihr. Es ist immer heute – morgen kommt niemals. Sie sind im Universum bereits zu Hause und werden es immer sein. Sie befinden sich immer darin, denn Sie könnten nirgendwo anders hingehen.

Wozu also sollte die Angst gut sein? Wer sollte Sie verletzen? Sie können nicht einmal getötet werden. Ihr Leben kann Ihnen nicht genommen werden. Sie können nicht aus dem Universum vertrieben werden. Was kann Ihnen also schon passieren? Und wer könnte Ihnen etwas antun? Sie tun so, als gäbe es irgendwelche äußeren Mächte und Kräfte, die gegen Sie arbeiten. Außerhalb wovon sollten sie sein? Welche irdischen oder himmlischen Wesen auch immer sie sein mögen, sie sind ein Geschöpf wie Sie. Sie sind alle Teil des Ganzen, aus dem gleichen Stoff und vom selben Schöpfer geschaffen. Sie sind alle aus dem gleichen Felsbrocken gehauen. Die offensichtlichen Unterschiede sind eine Illusion. Die Unterschiedlichkeit und Getrenntheit sind nur relativ, nicht tatsächlich vorhanden.

Machen Sie es sich also bequem. Schauen Sie sich um und entdecken Sie, was für ein hübsches Fleckchen im Universum Sie bewohnen. Einige Ihrer Familienmitglieder haben versucht, das ganze Haus einzunehmen, anstatt nur den Platz, der ihnen zusteht, aber diese Probleme werden allmählich gelöst und in vergleichbar kur-

zer Zeit wird alles besser sein. Wir werden in einer besseren Welt leben, wenn wir uns etwas Zeit zum Nachdenken nehmen. Keine Sorge, Sie werden dabei sein und sich an ihr erfreuen. Sie können nicht weglaufen, selbst wenn Sie es wollten.

Wozu sollte es gut sein, auf morgen zu warten? Es gibt so viel, was Sie heute glücklich machen kann, wenn Sie nur damit aufhören, sich um die Zukunft zu sorgen. Ein kleines Kind weiß besser als Sie, wie es das Leben genießen kann. Das kleine Kind fühlt sich überall zu Hause und macht sich daran, seine aktuelle Situation auszukosten und den größtmöglichen Nutzen daraus zu ziehen, bis es erwachsen genug ist, um sich von den kollektiven Glaubensvorstellungen hypnotisieren zu lassen.

Sie sind hier zu Hause. Ebenso sehr wie der Fisch im Meer und der Vogel in der Luft. Machen Sie sich das bewusst und machen Sie das Beste daraus. Hören Sie auf, Angst zu haben, sich zu ärgern und sich zu sorgen. Erkennen Sie, dass Sie hier im Universum leben – ob gestern, heute oder morgen. Es ist ein gutes Universum und es wird immer besser, je weiser der Mensch mit seinen Vorzügen umzugehen lernt. Doch die Sonne ist noch nicht ganz aufgegangen. Großes Glück liegt vor uns. Sie werden es miterleben. Fühlen Sie sich ganz wie zu Hause, denn Sie werden noch eine ganze Weile da sein.

13| Die Einsamkeit der Seele

Lorado Tafts Skulptur – Beschreibung – Jeder steht alleine da – Jeder ist mit allen anderen verbunden – Stille Seelengemeinschaft – Stille ist das Heiligtum der Seele – Die Einheit des Lebens und seine scheinbare Getrenntheit – Die Botschaft

In einem der Räume des »Art Institute« in Chicago steht eine außergewöhnliche Skulptur von dem Bildhauer Lorado Taft, die er »Die Einsamkeit der Seele« genannt hat. Der normale Besucher hält einen Moment inne und beim Weitergehen kommentiert er die Schönheit der Figuren, aus denen sich das Kunstwerk zusammensetzt. Einige Betrachter eilen daran vorbei und scheuen sich, die Figuren eingehender zu studieren, weil sie nackt sind – so nackt wie die menschliche Seele vor ihrem Schöpfer. (Manche Menschen haben Angst vor unverhüllten Dingen, sogar die nackte Wahrheit schockiert sie.) Aber der Mann oder die Frau, der oder die darüber nachdenkt und versteht, bleibt lange vor diesen Figuren stehen und ist sich bewusst, dass sie von einer tiefen Wahrheit erzählen.

Um einen großen Felsbrocken sind vier menschliche Figuren platziert, zwei Männer und zwei Frauen. Sie sind so angeordnet, dass je nach Blickwinkel, von dem aus der Betrachter sie anblickt, immer nur eine von ihnen im Zentrum steht, obwohl die Verbindung jeder einzelnen Figur mit den anderen zu erkennen ist. Man muss einmal um die ganze Skulptur herumgehen, um den Hintergedan-

ken des Bildhauers zu verstehen und die Geschichte herauszulesen, die er in Stein gemeißelt hat.

Jede Figur besitzt ihre eigene Individualität. Jede steht für sich allein. Und doch sind alle mit den beiden Figuren davor und dahinter verbunden. Jede einzelne steht in Verbindung mit allen anderen, doch jede steht auch für sich allein. Eine Figur streckt ihrem Bruder, der vor ihr steht, die Hand entgegen, und auf ihrer Schulter ruht das müde Haupt des Bruders, der ihr folgt. Sie stehen Hand in Hand oder mit dem Kopf auf der Schulter ruhend da und schenken sich gegenseitig die menschliche Berührung und Verbundenheit, die für die Seele, die sich nach der Gesellschaft eines verständnisvollen Mitmenschen sehnt, so kostbar sind.

Die Gesichter drücken Sorge, Schmerz und Sehnsucht aus, die Sehnsucht nach der vollständigen Vereinigung von zwei Seelen, die das irdische Leben nicht stillen kann. Jede Figur fühlt und weiß, dass die andere die gleiche Sehnsucht verspürt. Jede schenkt der anderen die tröstende Berührung, die ihr vermittelt: »Ich weiß, ich weiß.« In jedem Gesicht mischen sich tief empfundene Liebe und Schmerz, Verzweiflung und Kummer. Die Skulptur bringt die alte Geschichte von der Liebe des Menschen und seiner Begrenztheit zum Ausdruck. Darin verbirgt sich auch die Geschichte der Seele.

Die Lippen der Figuren sind verschlossen. Jede ist still und doch verstehen sie einander. Ihre Seelen verbinden sich in Stille. Nur in dieser Stille kann eine Seele mit der anderen kommunizieren. Worte werden der Seelenverständigung nicht gerecht. Mit denjenigen, die wir am besten verstehen, können wir uns am besten schweigend verständigen. Diejenigen, die sich wirklich lieben, gehen Hand in Hand und sitzen Wange an Wange. Ihre Liebesgeschichte vermittelt sich ohne Worte. Worte dienen nur dazu, sich über das Alltagsgeschehen auszutauschen, aber sie eignen sich nicht für den tieferen Seelenausdruck. Die Geschichte von Liebe und Leid braucht keine Worte. Eine Seele versteht die Botschaft der anderen, der Geist sendet dem anderen die Botschaft und der andere versteht alles. Die schönste Erinnerung an einen geliebten Menschen, den Sie verloren haben, bezieht sich nicht auf die Augenblicke, in denen Sie ihm Ihre Liebe beteuert haben. Vielmehr ist Ihnen die Erinnerung an einen Moment der tiefen Stille am kostbarsten, den Sie mit dem geliebten Menschen erlebt haben; einen Moment, wo die Seele ihren Schleier gelüftet und ehrfürchtig in die Tiefe der anderen Seele geblickt hat. Stille ist das Heiligtum der Seele. Betreten Sie es nur mit der gebührenden Demut. Nehmen Sie die Kopfbedeckung ab und treten Sie leise ein.

Jede Figur steht alleine da und doch in Verbindung mit allen anderen. Jede ist scheinbar getrennt und doch ein Teil des Ganzen. Jede empfindet die erschreckende Einsamkeit, die die Seele überkommt, wenn sie sich zum ersten Mal erkennt. Und doch weiß jeder in diesem entsetzlichen Augenblick auch, dass er mit dem ganzen Leben verbunden ist. Jeder spürt die tiefe Sehnsucht nach einer engeren Seelenverbindung, einer Wiedervereinigung der voneinander getrennten Teile des Ganzen, doch begreift auch jeder, dass die Erfüllung dieses Wunsches zu diesem Zeitpunkt unmöglich ist. Und diesen Kummer drücken die einzelnen Figuren aus, legen den Kopf auf die Schulter des anderen, ergreifen die Hand des anderen, berühren den Körper des anderen. All diese Gesten symbolisieren den Wunsch der Seele nach Vereinigung.

Die Skulptur ist ein Symbol für die Einheit des Lebens und seine scheinbare Getrenntheit. Sie ist ein Abbild für die Verbundenheit jedes Einzelteils mit dem Ganzen, mit jedem anderen Teil. Sie beschreibt den Schmerz der Seele über ihre schreckliche Einsamkeit und ihre verzweifelte Suche nach Wieder-Eins-Werdung. Sie stellt die Vereinigung einer Seele mit der anderen in der Stille dar. Sie erzählt von der tröstlichen Gegenwart eines anderen menschlichen

Wesens und der Freude darüber. Sie vermittelt die Botschaft der Brüderlichkeit des Menschen. All dies und noch mehr verbirgt sich in der Skulptur.

Ich frage mich, ob sich der Bildhauer all dessen bewusst war oder ob er die Figuren nur zufällig gemeißelt hat. Manchmal wirkt das Göttliche im Menschen so, dass er besser schreibt, malt oder schnitzt, als ihm klar ist. Andere erkennen in seinen Essays, Geschichten, Gedichten, Gemälden oder Statuen mehr als er selbst. Auch wenn er sein Werk nach vielen Jahren wieder betrachtet, ist er erstaunt darüber, was er Neues darin wahrnimmt. Er ist verblüfft, welche Wahrheiten er wiedergegeben hat, von denen er bei der Entstehung des Werks keine Ahnung hatte. In uns liegen unerforschte Tiefen, von denen wir nichts ahnen. Hin und wieder tauchen aus diesen Tiefen wunderbare Gedanken oder Bilder in unser Bewusstsein auf, die wir auf Papier, Leinwand oder in Stein übertragen. Wir verstehen sie nicht und teilen mit den anderen Betrachtern das Staunen, das durch den Anblick des Gedankenausdrucks dieser tiefen geistigen Ebene hervorgerufen wird. Manche Menschen, die ihr wahres Selbst schon weiterentwickelt haben, erkennen die Schönheit in unseren Kunstwerken, für die andere blind sind. Erst wenn wir die Scheuklappen abnehmen, erkennen wir die ganze Bedeutung unseres Werks.

Manche nennen dieses Phänomen »Eingebung«, aber diejenigen, die den Schleier gelüftet haben, wissen, dass sie von innen und nicht von außen kommt. Sie ist die Stimme des göttlichen Funkens im Menschen, die seinem Bewusstsein etwas zuflüstert, das darum ringt, das Höhere Selbst besser zu verstehen – eine leise Ermutigung, eine Zukunftsvision, ein Lichtschimmer in der Ferne, ein Vorgeschmack auf die reich gedeckte Tafel der Seele.

Wie gesagt weiß ich nicht, ob Lorado Taft wusste, was er gemeißelt hat, und ob er eine tiefe spirituelle Erkenntnis besitzt. Was

ich aber weiß, ist die Tatsache, dass die Skulptur mit dem Titel »Die Einsamkeit der Seele« das Werk seiner Seele ist. Sein Kunstwerk vermittelt denjenigen, die bereit dafür sind, eine tiefe spirituelle Botschaft. In ferner Zukunft werden noch Abertausende andere Betrachter es so verstehen wie die heutigen. Dieses Kunstwerk wird seinen Schöpfer noch lange überleben, wenn er seinen irdischen Körper verlassen hat, den er jetzt als Instrument benutzt. Es wird überdauern, weil es eine Botschaft und eine tiefe Wahrheit in sich birgt.

14| Jerry und der Bär

Der Plan des Gesetzes für die Entwicklung eines Individuums – Die Dummheit, an alten Mustern festzuhalten – Die Geschichte von Jerry und dem Bären – Wer Jerry war – Er begegnet dem Bären – Der Kampf – Das Ergebnis – Die Folgen – Jerrys Veränderung – Die Moral von der Geschichte

---

In seinem Streben, den Menschen zu einem eigenverantwortlichen Wesen, zu einem Individuum zu machen, versucht das Gesetz ihn zunächst mit der einfacheren Möglichkeit – ständigen Druck auf den Menschen auszuüben, damit er allmählich Fortschritte macht und sich entwickelt – dazu zu bringen, jeden Tag etwas positiver zu denken und zu handeln. Wenn der Mensch den ständigen Appell des Lebens an ihn spürt und sich der Anziehungskraft der absoluten Macht bewusst wird, die ihn zu Höherem führt – auf den Weg zum Gipfel seiner Verwirklichung –, lernt er, der vorwärtsstrebenden Anziehungskraft zu vertrauen. Und indem er seinen Widerstand aufgibt, bewegt er sich immer mehr in Richtung seiner Entfaltung und seines Wachstums. Er legt ein altes Muster nach dem anderen ab und entwickelt sich. Er versucht nicht seine Entwicklung zu behindern oder einzugreifen, sondern strebt ihr voller Freude entgegen. Er findet Gefallen an jedem Stadium, und sollte er einmal Leid empfinden, erkennt er darin den Wachstumsschmerz eines Kindes – das Versprechen auf höhere Errungenschaften.

Manche Menschen scheinen jedoch dazu bestimmt zu sein, an ihren alten Mustern festzuhalten und sich mit aller Kraft dem Streben nach Wachstum zu widersetzen. Sie können dem ständigen Druck und der Anziehungskraft, die sie vorwärtstreibt, nicht standhalten, und ihr Widerstand trägt ihnen viel Schmerz und Spannung ein. Sie werden von ihrem in der Entwicklung befindlichen Selbst mal hierhin, mal dorthin getrieben, wobei sie die ganze Zeit über Widerstand leisten und dagegen ankämpfen. Das Gesetz verfügt zum eigenen Wohl dieser Leute über einige Gegenmaßnahmen. Als letztes Mittel nimmt es ihnen die Muster weg, an denen sie festhalten, und zwingt sie gegen ihren Willen und trotz ihres Widerstands und ihres Jammerns in eine offenere Lebenssituation.

Wenn wir in unserem Leben zurückblicken, müssen viele von uns darüber lachen, wenn wir erkennen, wie uns neue Arbeits- und Aufgabengebiete auferlegt wurden, wie wir uns trotz unserer Einwände geöffnet haben, wie wir unsere alte Umgebung und Lebenssituation verlassen mussten, trotz unserer Beschwerden, Vorhaltungen und Klagen, und in ein neues Umfeld platziert wurden. Dies ereignete sich wiederholte Male, bis wir die Lektion gelernt und aufgehört hatten, an falschen Personen und Gegenständen festzuhalten, und bereit waren, uns der vorwärtsstrebenden Kraft zu überlassen und mit dem Gesetz zusammenzuarbeiten, anstatt sich ihm zu widersetzen.

Viele Männer und Frauen, die sich beständig weigern, sich aufzurichten und ihre Unabhängigkeit zu leben, werden absichtlich in eine Lage gebracht, wo sie sich von Dingen, an denen sie hängen, befreien müssen und gezwungen sind, aufzustehen und sich mit den Lebensumständen auseinanderzusetzen, vor denen sie die ganze Zeit davongelaufen sind. Das Gesetz weiß, wie es die Zauderer am Ufer ins Wasser wirft und sie zum Schwimmen bringt. Es zieht es zwar vor, Ihnen das Schwimmen in kleinen Schritten

beizubringen, indem Sie sich durch einfache Lektionen Wissen aneignen, aber wenn Sie sich weigern, auf diese Weise zu lernen, wird es zu den oben beschriebenen härteren Maßnahmen greifen. Doch egal, auf welche Weise Sie dazu gebracht werden, schwimmen müssen Sie so oder so.

Ich möchte Ihnen nun eine Geschichte erzählen, die zwar nicht besonders schön ist, die Ihnen aber eine Vorstellung davon geben wird, was ich meine und wie der göttliche Plan funktioniert. Sie handelt von Tieren, aber schon viele Wahrheiten wurden in Fabeln verpackt, in denen Tiere agierten. Und diese eingängige Tiergeschichte kann Ihnen die Essenz dieses Kapitels besser vermitteln als meine Erklärungen. Die Geschichte geht so: Es war einmal ein Mann, der lebte in den Nordweststaaten. Er hatte einen Hund namens Jerry, der weder besonders schön war noch besonders gute Eigenschaften hatte. Er stammte von keiner hochgezüchteten Rasse ab, sondern war ein ganz normaler Hund. Er war dem Bauernhof von irgendwoher zugelaufen und in seinen jungen Jahren viel herumgestoßen worden, bis er sich nicht einmal mehr traute, sein Recht auf Leben zu behaupten. Er wurde zu einem wertlosen Tier, nach dem die kleineren Hunde schnappten, das von den gleich großen drangsaliert und von den größeren verachtet wurde. Er lebte in der Erwartung, von jedem, dem er begegnete, einen Tritt versetzt zu bekommen, und natürlich geschah das dann auch. (Menschen und Hunde, die in der Erwartung leben, dass ihnen Gewalt angetan wird, ziehen immer an, wovor sie sich fürchten und was sie erwarten.) Sein Schwanz wirkte wie ein Magnet, der alle Blechdosen in der Nachbarschaft anzog. Mitleid tat ihm offenbar nicht gut, sondern führte nur dazu, dass er sich noch elender und erbärmlicher fühlte als sonst, ebenso wie es manchen Menschen damit geht. Der arme Wicht sank allmählich auf den Tiefstand seines Hundelebens und seine Lage schien hoffnungslos. Ab und zu fuhr der Bauer in

die Stadt und Jerry kroch in den Wagen, als ob er sich dafür entschuldigen müsste, dass er diesen Platz einnahm. Wenn er auftauchte, jagten alle Hunde von den Bauernhöfen entlang der Straße hinter dem Wagen her, zerrten ihn heraus und zogen ihn durch den Staub. Dies wiederholte sich bei jedem Bauernhaus auf dem Hin- und Rückweg. Schließlich hatte der Bauer das Gefühl, sein Hund brächte seinen Hof in Verruf und bemerkte, dass »Hopkins Hund« zum Gespött der ganzen Stadt wurde. Da beschloss er, dem Elend des Tieres ein Ende zu machen. Aber das Schicksal griff ein, vielleicht damit ich die Moral von der Geschichte erzählen kann und Sie sich in Krisenzeiten daran erinnern können.

Eines Abends lief Jerry vom Hof weg. Ein paar kleinere Hunde, denen es Spaß machte, ihn zu ärgern, jagten ihm nach. Er entfernte sich immer weiter von daheim, bis er in den Wald kam. Dort waren Bärenspuren entdeckt worden. Einige Jungen hatten eine Falle mit Ködern gelegt, die Meister Petz anlocken sollten. Die Falle war mit einer Abdeckung versehen, die nur ein Leichtgewicht ausgehalten hätte. Jerry lief darüber und fiel hinein. Ein paar Stunden später kam ein junger Bär und schnüffelte herum. Auch er ging in die Falle. So fingen die Schwierigkeiten an. Voller Wut über seinen unrühmlichen Sturz, versetzte der Bär Jerry einen Hieb mit seinen Krallen, der Jerry aufheulen ließ. Der Bär erkannte, dass in seinem Gegner kein Kampfgeist aufloderte, und jagte ihn so lange herum, bis es nur noch eine Sache von Minuten zu sein schien, bis der Hund endlich von seinem Elend erlöst sein würde. Doch die Sache nahm eine ungeahnte Wendung. Der Bär warf Jerry auf den Rücken und wollte ihm den Rest geben. Dies weckte den letzten Funken von Selbstachtung in dem armen Kerl, und mit äußerster Anstrengung sprang er dem Bären an die Kehle und biss ihn mit der Kraft aller unterdrückten Bisse seines bisherigen Lebens. Mit einem Aufschrei sprang der Bär zur anderen Seite der Grube. Schwer zu sa-

gen, wer von beiden überraschter war, der Bär über den plötzlichen Mut seines Gegners oder Jerry über die Tatsache, dass er gegen einen Bären kämpfen konnte. Die Selbstachtung und das Selbstvertrauen des Hundes stiegen und die Vorsicht des Bären nahm entsprechend zu. Nach dem Biss bewegte sich der Bär vorsichtig auf Jerry zu, aber der knurrte gefährlich und fletschte die Zähne. Sie umkreisten sich ein paarmal, bevor sie sich beruhigten. Jerry zeigte dabei, was in ihm steckte, und obwohl er einen schlimmen Kratzer davongetragen hatte, hatte er dem Bären eine Kostprobe seines Heldenmuts erteilt. Seine Selbstachtung und sein Selbstvertrauen waren nun gefestigt und der Bär behandelte ihn mit beträchtlichem Respekt. Nachdem sich die Sache geklärt hatte, ruhten sich der Bär und der Hund in der jeweils gegenüberliegenden Ecke der Grube aus und schlossen einen Waffenstillstand.

Am nächsten Morgen kamen die Jungen zur Falle, erschossen den Bären, hoben Jerry aus der Grube und brachten ihn nach Hause. Sein Schwanz war ein paar Zentimeter kürzer, ihm fehlte ein Ohr und sein Körper war völlig zerkratzt und vernarbt wie das Gesicht eines Heidelberger Studenten, aber tief in seinem Herzen war er froh und zeigte seine Freude auch nach außen. Der Bauer, der stolz auf sein Haustier war, versorgte ihn gut, bis er wieder herumlaufen konnte. Dann ließ er ihn wieder ins Freie. Sobald ihn die anderen Hunde sahen, liefen sie auf ihn zu, aber seine Ausstrahlung hielt sie auf sicherem Abstand, und sie begnügten sich damit, ihn aus der Entfernung anzukläffen. Er schien keine Angst vor einem Kampf zu haben und sein Selbstvertrauen spiegelte sich in seinen Augen und sorgte dafür, dass sie dort blieben, wo sie hingehörten. Er hatte aufgehört, sich zu fürchten. Er zog den Schwanz nicht mehr ein, sondern hielt ihn aufgerichtet wie jeder selbstbewusste Hund. Irgendwie hatte sein Schwanz auch nicht mehr die gleiche Anziehung auf Blechdosen wie früher. Die Jungen erkannten, dass

Jerry in der Rangordnung höher gekommen war und etwas an sich hatte, was sie mochten und respektierten.

Ungefähr zehn Tage nachdem es dem Hund wieder gut ging, fuhr der Bauer in die Stadt. Jerry begleitete ihn und trottete gelassen neben oder hinter ihm her oder spazierte, wohin es ihm gefiel. Als sie am ersten Bauernhof angelangt waren, liefen die Hunde herbei, um sich mit unserem Freund zu amüsieren. Sie stürzten sich auf ihn wie ehedem. Da geschah etwas. Die Meute zog sich jaulend ins Haus zurück, um sich verarzten zu lassen. Jerry ging einfach weiter seines Weges. Diese Szene wiederholte sich bei jedem Hof entlang der Straße. Jerry wiederholte die angestrebte Lektion jedes Mal und schloss seine Aufgabe damit ab, den großen Bullterrier, der bisher der Schrecken der ganzen Stadt gewesen war, auf den staubigen Boden vor dem Postamt zu werfen. Der triumphale Fortschritt des Hundes zeigte sich bei der Heimfahrt. Seine alten Widersacher wetteiferten mit Schwanzwedeln und anderen Freundschaftsbekundungen darum, Jerry zu zeigen, dass sie stolz darauf waren, seine Freunde zu sein. Doch er schenkte ihnen wenig Aufmerksamkeit, denn er hatte sich zu einem Hundephilosophen entwickelt. Fortan führte er ein glückliches Leben. Er suchte keinen Streit, aber kein Junge oder Hund schien ihn angreifen zu wollen. Er hatte die Angst überwunden. Er fürchtete sich vor niemandem mehr, der auf Beinen lief. Denn er hatte sich dem Bären gestellt.

Nun werden manche meiner Kritiker die Aufmerksamkeit der Leser auf die Tatsache lenken, dass ich zum Kämpfen rate. Dem ist nicht so, liebe Freunde. Die Hundegeschichte soll nur verdeutlichen und Ihnen zeigen, wie das Gesetz einen Menschen manchmal in die Enge treibt, um seinen Mut und sein Selbstvertrauen zu wecken. Es weiß, dass beide Fähigkeiten in ihm wohnen, und bringt ihn mit harten Methoden dazu, sie herauszubilden – immer unter der Voraussetzung, dass der Betreffende sie vorher noch

nicht entwickelt hat. Wenn jemand in eine Lage gebracht wird, wo er mit dem Schlimmsten konfrontiert wird und gezwungen ist, mit dem Bären in den Ring zu steigen, wird er feststellen, dass eine ungeahnte Kraftreserve in ihm schlummert und er all seine Energie aufwenden wird, um sich zu retten. Er erkennt, dass die Schwierigkeit ebenso vor ihm zurückweicht wie er zuvor vor ihr, wenn er sich ihr mutig stellt. Er gewinnt mehr Vertrauen, bis er den Gegner schließlich besiegt und sicher in seiner eigenen Kraft ruht. Er entdeckt, dass sich das Schicksal demjenigen gegenüber, der sich von der Angst befreit hat und gelassen auf jede Situation reagiert, sehr rücksichtsvoll und entgegenkommend verhält, während es den Menschen quält, der sich vor ihm fürchtet. Die Schwierigkeiten entsprechen dem Ausmaß seiner Angst. Wenn er es schafft, angesichts des Schicksals zu lachen, werden dessen Schikanen aufhören und er wird zu seinem liebsten Günstling werden.

Nachdem der Mensch schwere Probleme gemeistert und den großen Kampf ausgetragen hat, entdeckt er, dass er keine Angst mehr vor den geringfügigen Schwierigkeiten und Lebensaufgaben hat, im Besitz seiner Stärke ist und den Ursprung dieser Kraft kennt. Er geht hocherhobenen Hauptes, atmet die reine Luft des Himmels und fühlt das warme Blut in seinen Adern fließen. Er hat zu sich selbst gefunden. Er hat sich dem Bären gestellt.

15| Die unsichtbare Hand

Sich der Hand bewusst sein – Als wir sie erstmals spürten – Sie ist immer da – Jetzt als Hand eines Vaters – Jetzt als Hand einer Mutter – Eines Geliebten – Eines Bruders – Sie leitet uns immer – Sie führt uns immer – Ein Geheimnis – Eines Tages werden wir wissen, wessen Hand sie ist

Ich habe die unsichtbare Hand gespürt, bin von ihr geleitet worden und habe das gütige, aber ständige Drängen in die Richtung wahrgenommen, die für mich am besten ist, obwohl ich die Schönheit des Weges zu dem Ziel, zu dem mich die Hand führte, intellektuell nicht erfassen konnte. Ich lehnte mich eine Weile gegen die unverschämte Einmischung in Dinge auf, die getrennt von mir zu sein schienen, und hielt sie für einen Eindringling oder unerwünschten Helfer. Ich hatte mich aus dem Zustand der Abhängigkeit befreit, als ich noch dachte, ich müsste mich auf andere verlassen. Ich genoss meine Unabhängigkeit, Freiheit und Eigenständigkeit. Als ich herausfand, dass es gut war, auf eigenen Füßen zu stehen und in der neu gewonnenen Freiheit zu schwelgen; die Tatsache zu genießen, dass das »Ich bin« in mir wirklich war, und das ekstatische Gefühl der Erkenntnis der Wirklichkeit meiner Individualität verspürte, widersetzte ich mich jeglicher Einmischung von außen. Aber der Druck der Hand war dennoch spürbar. Sie nahm meine widerstrebende Hand und führte mich immer weiter.

Nachdem ich erkannte, dass ich diesen unsichtbaren Helfer nicht loswerden konnte und eine Absicht dahintersteckte, mich zu leiten, anstatt mich mir selbst zu überlassen – obwohl ich gut auf mich aufpassen und auf eigenen Füßen stehen konnte, wie ich wiederholt versicherte –, fing ich an, dieses Etwas zu studieren und kennenzulernen, das so entschlossen war, aktiv an meinen Lebensumständen mitzuwirken.

Ich entdeckte, dass es mehr oder weniger schon immer bei mir gewesen war, ich seine Anwesenheit aber vorher nicht bemerkt hatte. Solange ich meinte, nicht auf meinen eigenen Füßen stehen zu können, solange ich mich fürchtete und das »Ich bin« nicht erkennen konnte, war ich mir dieses unsichtbaren Helfers kaum bewusst. Aber als ich langsam erkannte, wer ich bin und welchen Platz ich in der kosmischen Weltordnung einnehme, über welche Möglichkeiten ich verfüge, welche Zukunftsperspektiven sich mir eröffnen, begann sich die unsichtbare Hand in meinem Leben zu manifestieren. Als ich mich endlich von der letzten Fessel befreite, die mich festgehalten hatte, als ich meine Schultern zurücknahm und zum ersten Mal frei atmete, als ich über meine Freiheit und Stärke laut jubelte, als ich die mir zur Verfügung stehende innere Kraft erkannte, als ich mich daranmachte umzusetzen, was mein erwachter Geist für möglich hielt, spürte ich zum ersten Mal den festen Griff der unsichtbaren Hand.

Jetzt leitete sie mich sanft und führte mich, hielt mich behutsam zurück oder trieb mich vorsichtig zu Menschen oder in Situationen, bewahrte mich vor dem Sturz in den Abgrund, lenkte meinen Schritt auf einen besseren Weg, übte sanften, aber festen Druck aus, um mir ihre Gegenwart zu versichern, wenn ich zweifelte, nahm mir meine Last ab, wenn ich müde war, und war immer da.

Manchmal konfrontierte mich diese Hand mit Lebensumständen, die alles andere als gut zu sein schienen. Bisweilen hat sie mir

Leid gebracht. Aber ich habe gelernt, ihr zu vertrauen – ihr Vertrauen zu schenken. Die scheinbar unangenehmen Umstände haben sich als vorteilhaft herausgestellt. Mein Leid hat sich in Freude verwandelt. Die Erfahrungen, die ich nicht annehmen wollte, brachten mir umso mehr Leid und Lernen ein. Je mehr Erfahrungen ich machte, desto mehr Wissen erlangte ich.

Ich habe gelernt, diese Hand zu lieben. Ihr Besitzer scheint meine Liebe zu spüren und zu erwidern, und hin und wieder lässt er mich durch einen einfühlsamen Klaps wissen, dass er mich versteht. Manchmal scheint diese Hand einem Vater zu gehören. Dann ist sie stark und führt mich mit festem und selbstsicherem Griff. Ein andermal scheint sie einer Mutter zu gehören. Dann ist sie sanft und gütig und nimmt mich an die Hand wie die Mutter ihr Kind. Wieder ein anderes Mal scheint sie die Hand einer Frau zu sein, die mich liebt. Dann fühlt sie sich anschmiegsam und warm an und führt nicht, noch will sie geführt werden, sondern geht wortlos, aber in vollkommener Übereinstimmung Hand in Hand mit mir. Der Besitzer dieser Hand scheint die Qualitäten beider Geschlechter in sich zu vereinen und alle Eigenschaften von Vater, Mutter, Geliebter oder Geliebtem, Bruder oder Schwester zu besitzen. Sie scheint in jeder Hinsicht auf das Bedürfnis des Menschen einzugehen. Sie ist offenbar immer eine liebevolle Hand, selbst wenn sie mir Leid bringt.

Das Gesicht des Besitzers dieser Hand habe ich noch nie gesehen. Ich habe ihm noch nie in die Augen geblickt. Ich habe seine Gestalt noch nie gesehen, falls er eine besitzt. Aber manchmal bin ich mir bewusst, dass er mich hochhebt und an seine Brust drückt. Wenn das geschieht, sehne ich mich wie ein Kind nach der Umarmung seiner Mutter und erkenne die Antwort, wenn ich an den Körper des Besitzers der Hand gedrückt werde. Wieder ein andermal habe ich mich gegen den einengenden Griff der Hand ge-

wehrt und mit meinen kleinen Fäusten gegen die Brust ihres Besitzers getrommelt, als ich unbedingt losgelassen werden wollte. Aber wie eine Mutter nahm er mich nur noch fester in die Arme, bis ich sein Herzklopfen, die Schwingungen, die von seinem lebendigen Körper ausgingen, und seinen warmen Atem auf meinen Wangen spüren konnte, während sich das unsichtbare Gesicht aus Mutterliebe über mich beugte.

Wieder ein andermal nimmt der Besitzer der Hand die Gestalt eines Vaters an. Dann lege ich meine kleine Hand in die seine und fühle mich wie ein Junge, der von seinem Vater mit auf die Reise genommen wird, und überlasse mich ihm mit den Worten »Du führe mich« und folge ihm froh und vertrauensvoll in neue Länder, Umgebungen und Lebensumstände. Warum sollte ich Angst haben, wenn ich doch von der Hand meines Vaters gehalten werde? In solchen Momenten ruht sie ab und zu auf meinen Schultern und ich spüre, dass der Vater stolz auf seinen Sohn ist, sieht, wie er stark und klug wird, und sich auf die Zeit freut, wenn er sich mit dem erwachsenen Sohn unterhalten kann, der dann über das Wissen verfügt, um ein paar von den Geheimnissen des Lebens zu verstehen, die der Vater ihm dann enthüllen wird.

Dennoch ist sie auch wieder die Hand einer liebenden Frau, die neben dem Mann, den sie liebt, den Lebensweg entlanggeht. Sie hält mich zärtlich – die Liebe kribbelt in den Fingern – und ihr Arm schmiegt sich an mich. Ich höre keine Stimme, Worte sind überflüssig und unsere Seelen kommunizieren in der Stille. So gehen wir einvernehmlich immer weiter.

Wieder ein andermal scheint die Hand einem Bruder zu gehören – einem Zwillingsbruder. Bei ihr empfinde ich weder den Schutz des Vaters, die liebevolle Zärtlichkeit der Mutter oder die aufregende Berührung der Geliebten. Ich spüre nicht, dass es die Hand eines stärkeren Wesens ist, sondern nehme nur den brüderlichen,

kameradschaftlichen Händedruck eines mir Ebenbürtigen wahr. Ich empfinde die Gegenwart eines Unterstützers, der mir in Zeiten der Not den Rücken stärkt. An seiner Seite spaziere ich froh und lachend durchs Leben. Ich freue mich wieder wie ein kleiner Junge. Die Freude der Kameradschaft wird mir wieder zuteil. Dann scheint die Hand des Bruders zu wachsen und wir beide sind wieder erwachsene Männer. Sein Händedruck will mir vielleicht sagen: »Komm, Bruder, lass uns in die unbekannte Zukunft aufbrechen, sie voll Abenteuerlust erkunden und Vertrauen haben. Lass uns entdecken, erfahren und erkennen.« Ich erwidere den Händedruck und sage: »Ja, Bruder, lass uns voranschreiten. Wohin auch immer du gehst, ich werde dir folgen. Deine Freude und dein Leid werden auch mein sein. Gehen wir dem göttlichen Abenteuer entgegen.«

Indem sich alle Qualitäten der menschlichen Beziehungen in der Hand manifestieren, kommt mir zum richtigen Zeitpunkt der Besitzer dieser unsichtbaren Hand seinerseits nahe. Ich spüre seine Gegenwart und bin mir seiner Nähe bewusst. Manchmal verliere ich das Vertrauen und halte alles für eine Einbildung, ein Fantasiegespinst oder einen Traum. Alles scheint mir verloren und ich weine. Aber siehe da, mitten in der Verzweiflung fühle ich die Hand auf meinem Kopf und weiß, sie ist Wirklichkeit – und lächle mit Tränen in den Augen!

Werde ich den Besitzer der Hand jemals kennenlernen? Werde ich jemals sein Gesicht sehen? Werde ich jemals das Geheimnis seiner Existenz ergründen? Ich weiß es nicht. Aber mein Glaube flüstert mir ins Ohr: »Warte nur! Alles ist gut! Wenn der Schüler bereit ist, wird sich der Meister zeigen. Wenn deine Augen klar sehen und den Anblick aushalten können, wirst du das Gesicht des Besitzers der Hand erblicken. Du hast dich auf den Weg gemacht und es gibt kein Zurück. Schreite voran, schreite vertrauensvoll, mu-

tig und zuversichtlich voran. Warum solltest du zweifeln – hast du etwa nicht den Händedruck gespürt?«

Ja, warum sollte ich an ihr zweifeln oder sie infrage stellen? Habe ich den Druck der unsichtbaren Hand etwa nicht gespürt? Reicht ihr Eure Hände, liebe Freunde, damit die Hand sie ergreifen kann, so wie meine. Während sich Eure Hand aus Wut, Hass oder Angst verkrampft, während sie das Goldstück umklammert, das sie einer anderen Hand entrissen hat, ist sie nicht bereit für die unsichtbare Hand. Öffnet sie weit, streckt sie aus, reicht sie freundlich und Ihr werdet die Berührung der Hand spüren, die Ihr sucht.

Die unsichtbare Hand wartet darauf, Eure Hand zu ergreifen. Heißt sie willkommen, heißt sie willkommen.

16| Wie sich Erfolg einstellt

Erfolg durch Mentalkräfte anstreben – Es reicht nicht, sich auf einen Gedanken zu konzentrieren – Wie Sie wahren Nutzen aus der Gedankenkraft ziehen – Lassen Sie sich auf die Wirkung des Gesetzes ein – Stehen Sie auf den eigenen Beinen – Ein Schritt nach dem anderen – »Ich mache« genauso wie »Ich bin«

Viele Männer und Frauen haben Wohlstand mithilfe von Gedankenkraft angestrebt, indem sie sich auf einen Gedanken konzentriert und dann die Hände in den Schoß gelegt und ruhig abgewartet haben, dass irgendein glücklicher Umstand eintritt – mit anderen Worten, als fiele der ersehnte Erfolg vom Himmel. Inzwischen habe ich von einigen Fällen gehört, wo das so passiert sein soll, obwohl ich dabei immer das Gefühl habe, ein wenig Nachforschung würde ergeben, dass der Erfolg eine nachvollziehbare und natürliche Ursache hat. Aber das Gesetz funktioniert in der Regel nicht so und verlässt den ausgetretenen Pfad von Ursache und Wirkung nicht. Es ist nicht Aladins Wunderlampe, an der man nur reiben muss, damit sich glitzernde Edelsteine und Goldregen über demjenigen ergießt, der sich in die Kissen lehnt und mit der Spitze seines kleinen Fingers an der Lampe reibt. Das Gesetz erwartet von demjenigen, der seine machtvolle Unterstützung beschwören möchte, seinerseits ein klein wenig ehrlichen Einsatz.

Ich glaube, die Mehrheit derer, denen mithilfe der Gedankenkraft eine größere Portion Erfolg zuteilgeworden ist, haben diesen

Erfolg nicht erzielt, weil er vom Himmel gefallen ist, sondern weil sie ihren Ideen, Impulsen, ja, ihrer Inspiration gefolgt sind, die ihnen – wenn Sie so wollen – zugefallen ist. Derjenige, der sich von einer alten negativen Einstellung abgewandt hat, der sein Gesicht der Sonne zugewandt und wieder der Stimme des Vertrauens Gehör schenkt, weiß, dass dem Gesetz, das die Bewegungen der Galaxien bewirkt und sich trotzdem um den Absturz eines Spatzen kümmert, sein Wunsch am Herzen liegt und es nur Vertrauen verlangt. Dieser Mensch, sage ich Ihnen, wird dann gute Einfälle haben, wenn er sie braucht, und feststellen, dass das Gesetz von all seinen menschlichen Bedürfnissen Kenntnis nimmt und eine Möglichkeit vorbereitet hat, um sie zu befriedigen. Er entdeckt, dass sich für ihn neue Chancen auftun, Fluchtwege aus unerträglichen Umständen, Wegweiser, die ihm die richtige Richtung zeigen. Aber er braucht Vertrauen in diese kleinen Hinweise des Unendlichen und muss sie befolgen. Das Gesetz wird die Tür für Sie öffnen, aber es wird Sie nicht hineinstoßen. Und wenn es meint, Sie weigerten sich, die geöffnete Tür zu sehen, schließt es sie leise wieder. Und erst nach vielen weiteren mühsamen Jahren werden Sie erkennen, welche Chance Sie verpasst haben. Das Gesetz besteht darauf, sein Werk auf seine – nicht auf Ihre – gute Art und Weise zu vollbringen. Egal, was Sie alles wissen, vielleicht kennen Sie den richtigen Weg zum Erfolg nicht, obwohl Sie davon überzeugt sind. Das Gesetz wird Ihnen viele Hinweise und so manchen sanften Schubs in die richtige Richtung geben, aber es lässt Ihnen stets die Wahlfreiheit und das Recht der Verweigerung. Es besteht nicht auf Ihrer Liebe und Ihrem Vertrauen. Das bedeutet, es tut nichts dafür, dass Sie Liebe und Vertrauen empfinden, sondern erst wenn Sie ihm Liebe und Vertrauen schenken, sind Sie sich des Antriebs der Seele bewusst oder blenden ihn bestenfalls nicht mehr aus. Oh, Ihr Kleingläubigen, wann werdet Ihr es lernen?

Der Mensch, der die Wirkungsweise des Gesetzes versteht, handelt ohne Widerstand nach den feinen Impulsen, die er erhält. Er bittet nicht darum, das Ziel der Reise zu erfahren, sondern er erkennt genau den Schritt, der unmittelbar vor ihm liegt, und zögert nicht, ihn zu tun. Er erwartet vom Gesetz nicht, dass es Resultate bringt und ihm in die Hände legt. Alles, worum er bittet und was er sich wünscht, ist, dass es ihm die Richtung weist, und er ist bereit, alles andere selbst zu erledigen. Der wahrhaftige Mann oder die wahrhaftige Frau möchte nicht mit einem Löffel gefüttert werden. Alles, worum sie bitten, ist eine gerechte Chance, um an die Nahrungsquelle zu kommen. Den Löffel können sie selbst halten. Wenn jemand meint, das Gesetz sei ein Brutkasten für Parasiten, Blutsauger und Vampire, irrt er sich gründlich. Die Lektion des Gesetzes besteht darin, jeden Menschen zu lehren, auf den eigenen Beinen zu stehen, sich nicht auf den anderen zu verlassen, aber gleichzeitig in dem Gefühl zu leben, dass er vom höheren Gesetz, dessen Teil er ist, geführt wird, das sich in ihm ebenso manifestiert wie in seiner Außenwelt, und dass er im Vertrauen auf das Gesetz infolgedessen auch sich selbst vertraut. Dies ist überhaupt kein Widerspruch, wenn Sie den Schlüssel zur Wahrheit besitzen.

Ja, ja, das Gesetz erwartet, dass jeder die Aufgaben, die ihm gestellt werden, gut erfüllt, und zwar egal, ob sie lästig oder unangenehm oder sonst etwas sind. Sobald er aufhört, sich dagegen aufzulehnen und mit den Flügeln gegen die Käfigstäbe zu schlagen, öffnet sich die Tür zum nächsten Schritt. Wenn er den Schritt nicht macht, muss er so lange daran arbeiten, bis er gelernt hat, wie er die Hürde nimmt. So lernt er unentwegt. Und die Lektion jeder Aufgabe muss gelernt werden, bevor ihm eine neue gestellt wird. Bemühen? Warum sollen Sie sich bemühen? Alles im Universum bemüht sich unentwegt. Wenn Sie lernen, Mühe als Freude anstatt als Fluch zu betrachten, erkennen Sie allmählich den Ausweg aus

dem zermürbenden Geschehen. Dann erhaschen Sie einen kurzen Blick ins Gelobte Land. Hand aufs Herz, Ihr Bemühen ist Ihr bester Freund. Das Problem besteht einzig darin, dass Sie es wie einen Feind behandelt haben und dass es Ihnen das mit gleicher Münze heimgezahlt hat. Wenn Sie lernen, die Anstrengung als Freund anzunehmen, wird sie ihnen nur zu gerne entgegenkommen und Sie werden gut miteinander klarkommen wie zwei alte Kumpels.

Nun sollten mir alle gut zuhören, die ihre Hände in den Schoß gelegt, »ruhig abgewartet« und sich beklagt hatten, dass ihr Erfolg nicht eingekehrt ist: »Sie irren sich. Ihr Erfolg hat sich eingestellt – das ist ja gerade das Problem. Ihr Erfolg ist das, was Sie anziehen, und Sie haben genau das angezogen, was eingetroffen ist. Fangen Sie heute an, sich – entschlossen – an die Wirkungsweise des Gesetzes zu halten, dem Aspekt »Ich mache« im Leben ebenso viel Aufmerksamkeit zu schenken wie dem »Ich bin«, und Sie werden neue Erkenntnisse gewinnen. Große Erfolge liegen vor Ihnen, aber Sie müssen die Hände danach ausstrecken. Sie fallen nicht in im Schoß gefaltete Hände. So wirkt das Gesetz.

17| Der Mann mit Südlage

Südlage ist im Inneren des Menschen ebenso gut wie in einer Wohnung – Der Mensch, der sich der Sonne zuwendet – Er lebt immer nur einen Tag nach dem anderen, gibt sein Bestes und ist gutherzig – Er findet Lebensfreude und überträgt sie auf andere – Bescheiden, liebevoll, gütig – Öffnen Sie sich für die Sonne

---

Waren Sie schon einmal auf Wohnungssuche? Dann erinnern Sie sich bestimmt daran, wie der Makler besonders betonte, dass manche Räumlichkeiten eine »Südlage« haben. Egal wie viele andere Vorzüge ein Haus besaß, sie waren alle zweitrangig gegenüber der Tatsache, dass die besten Zimmer nach Süden ausgerichtet waren und die begehrte Südlage hatten. Allein die Wortwahl erweckte in Ihnen die Vorstellung von einer sanften Brise – keine scharfen Nordwinde wehen mehr, Sie spüren die beglückenden Sonnenstrahlen und unser guter alter Heimatstern spendet Ihnen viel Licht und wohltuende Energien. Ach, wie viele Emotionen verbinden wir mit dem Wort »Südlage«.

Nun, wenn diese »Südlage« bei einem Raum ein so großer Vorzug ist, warum nicht auch in Bezug auf einen Menschen? Sind Sie schon einmal jemandem mit »Südlage« begegnet – einem Menschen, der sich der Sonne zuwendet? Erinnern Sie sich, wie er die anregenden Sonnenenergien verbreitete? Wissen Sie noch, wie sich das Gesicht und die gerunzelte Stirn der Leute in seiner Gegenwart entspannten? Erinnern Sie sich daran, wie die Freude, die

sein Dasein erweckte, auch in der Erinnerung noch lange, nachdem er gegangen war, weiterlebte und der Impuls seiner Gedankenschwingungen immer noch anregend auf Sie wirkte? Wir alle kennen jemanden wie diesen Mann mit »Südlage«. Gott segne ihn. Ohne ihn wären wir verloren. Es gibt überall auf der Welt viele davon. Wir geben ihm unterschiedliche Namen, aber es handelt sich immer um den gleichen Mann. Nachdem wir die Kälte des Nordens gespürt haben, die manche kühlen, bedrückten, negativen Menschen ausstrahlen, denen wir begegnet sind, ist der Kontakt mit jemandem, der die sanfte, warme Brise des Südwinds mitbringt – der Mann mit »Südlage« –, eine wahre Wohltat. So wie die Sonne allen Wesen Leben, Energie und Kraft spendet, schenkt uns dieser sonnige Mensch positive, klare, fröhliche und glückliche Gedanken, regt uns an, ermutigt und bestärkt uns. Tatsächlich versprüht er Sonnenschein und Freude in alle Richtungen und taut diejenigen auf, die durch die Begegnung mit dem anderen Menschenschlag beinahe erfroren wären. Die »Südlage« bei einem Mann oder einer Frau ist wirklich eine großartige Sache.

Ein Mensch wie dieser wendet sich der Sonne zu. Er ist ein Optimist. Er betrachtet die schöne Seite des Lebens und bekommt alles, was es im Leben gibt – er lebt. Es gelingt ihm, selbst in den aussichtslosesten Situationen noch irgendein »Vergnügen« zu finden, und zieht lächelnd, mit einem fröhlichen Lied und unerschütterlichem Vertrauen in das Absolute seines Wegs. Er lebt von einem Tag auf den anderen, liebt alle Geschöpfe Gottes und zeigt ihnen seine Zuneigung, indem er der Menschheit Hoffnung schenkt, Mut macht und gute Ratschläge gibt. Er ist das Salz der Erde. Ohne ihn wäre das Leben eine fade Angelegenheit. Wie glatt es im Leben doch für ihn läuft. Egal in welcher Lage er sich befindet, über wie wenig materiellen Wohlstand er scheinbar verfügt und wie seine Lebensumstände sind, er macht aus allem das Beste,

fängt dennoch die Sonnenstrahlen auf und freut sich, denn er hat »Südlage«.

Er ist offen und tolerant, dankbar und nachsichtig. Er kennt weder Hass oder Neid noch Bosheit, Angst oder Sorge. Er kümmert sich um seine eigenen Angelegenheiten und gesteht Ihnen das gleiche Privileg zu. Er ist voller Liebe und verströmt sie überall. Er schreitet sonnig durchs Leben und reagiert freudig auf Situationen, die andere zur Verzweiflung bringen und unglücklich machen würden. Irgendwie scheinen sich die Angelegenheiten für ihn zu regeln. Er überwindet die Hindernisse unversehrt. Sein Frieden kommt aus seinem Inneren und alle, die ihm begegnen, spüren ihn. Er sucht weder Freunde noch Liebe. Freundschaft und Liebe fliegen ihm zu, denn er zieht sie an. Andere Menschen freuen sich, ihn zu sehen, und bedauern es, wenn er wieder fortgeht. Kleine Kinder und Tiere fühlen sich zu ihm hingezogen und erkennen seine Freundschaft und Liebe. Er fühlt sich in der Unterkunft eines Arbeiters ebenso zu Hause wie im Palast eines Reichen. Beide sind ihm vertraut und ihre Bewohner sind auf gleicher Augenhöhe mit ihm. Er fühlt sich ebenso als Bruder des Heiligen wie des Sünders und liebt beide gleichermaßen, denn er spürt, dass jeder sein Bestes gibt. Im Sünder sucht er das Gute, jedoch nicht nach der Sünde im Heiligen, obwohl er weiß, dass es beides gibt. Er ist kein Pharisäer und erkennt in sich sowohl die Eigenschaften des Heiligen als auch die des Sünders. Er weiß, dass er nicht ohne Fehler ist, deshalb wagt er es nicht, den ersten Stein zu werfen. Seine Mitmenschen sehen einen Bruder in ihm. Eine Frau, die harte Prüfungen bestanden hat, vertraut ihm und hat keine Angst vor ihm, weil sie weiß, dass er sie versteht. Da er die Sonne in sich trägt, weiß er, dass sie sowohl auf den Heiligen als auch auf den Sünder scheint. Gott würde seine Sonnenstrahlen nicht einmal dem ungehorsamsten Kind versagen. Wie also könnte er seine Liebe dem geringsten Bruder oder der geringsten Schwes-

ter vorenthalten? Deshalb fühlt er sich in der Lage, sie zu lieben. Er verdammt sie nicht, dieses Vorrecht überlässt er Gott, wenn er es für angebracht hält, und hält es für unangemessen, sich als Richter aufzuspielen. Er glaubt, dass das Universum auf soliden Geschäftsprinzipien basiert und Gott schon weiß, was er macht und keinen überflüssigen Ratschlag vom Menschen braucht.

Er bemüht sich und macht seine Sache gut. Er findet Freude an der Arbeit und Vergnügen auch an den geringfügigsten Aufgaben. Er ist gerne kreativ und stolz darauf, denn er spürt, dass er dieses Talent vom himmlischen Vater geerbt hat. Er hat es nicht eilig, noch lässt er sich antreiben. Er hat viel Zeit, denn die Ewigkeit dauert lange und er weiß, dass er bereits jetzt in der Ewigkeit lebt. Er hat weder Angst vor dem Tod noch vor dem Leben, denn er ist sich bewusst, dass beide zusammengehören. Er geht seinen Weg, tut dabei sein Bestes und lässt den anderen in Ruhe.

Er hat einen unerschütterlichen Glauben an das Absolute – er glaubt an die unendliche Gerechtigkeit und das letztendlich Gute. Er fürchtet seinen Vater nicht, denn wo Liebe herrscht, ist kein Platz für Furcht. Er glaubt nicht, dass ihn sein liebender Vater in einen bodenlosen Abgrund stürzen will, denn dafür ist sein Vertrauen in ihn zu groß. Er glaubt, dass es die Hölle bereits auf Erden gibt, um die Fehler und die Unwissenheit des Menschen auszumerzen. Er glaubt dass alle, die in der Hölle schmoren, schließlich von ihren Sünden gereinigt daraus hervorkommen werden. Er weiß, dass sein Vater bei ihm ist, denn er hat seinen Händedruck gespürt. Er hat seine Gegenwart in der Dunkelheit der Nacht wahrgenommen, im Schein eines Blitzes hat er für einen Augenblick seine Umrisse gesehen und die Erinnerung daran hat sich in sein Gedächtnis gebrannt. Er wendet sich der Sonne zu – der Mann mit Südlage. Er ist bescheiden, liebevoll und gütig. Er gehört zu den Auserwählten. Er ist wie eine Prophezeiung der Zukunft. Von seiner Sorte

gibt es immer mehr Menschen. Am Baum des Lebens gibt es viele vielversprechenden Knospen, die durch die Sonne der Seele genährt werden und zu wunderschönen Blüten heranwachsen, die die Welt einst mit ihrem köstlichen Duft der Liebe erfüllen werden.

Gewisse Menschen sind still und ohne Vorankündigung in unsere Mitte gekommen. Sie haben die Orte gefunden, die auf sie gewartet haben. Sie sind gekommen, um den Weg für ihre Brüder und Schwestern zu bereiten, die noch im Mutterleib der Zukunft schlummern. Sie arbeiten im Stillen daran, ihren ungeborenen Brüdern und Schwestern ein Heim zu schaffen, das sie erwartet. Sie sind die Vorläufer des kommenden Rennens. Es ist ihnen gleichgültig, ob sie belächelt, verspottet, verfolgt, beschimpft oder bemitleidet werden. Gott hat sie ausgesandt, damit sie seine Botschaft überbringen. Deshalb sind sie hier. Die anderen Leute mögen die Stirn runzeln, mit den Achseln zucken und sich an die Stirn tippen, aber diese neuen Menschen lächeln, denn sie wissen. Sie sind sich bewusst. Sie betrachten die unwissende Menge nur als spirituelle Säuglinge, manche sogar als noch Ungeborene, und beachten sie nicht weiter.

Achten Sie auf diese Menschen. Ihre Gegenwart ist spürbar. Sie haben einen stillen, aber mächtigen Einfluss und wirken viel stärker auf die öffentliche Meinung ein als die lärmenden Reformer, die überheblichen Anführer und anderen Selbstdarsteller, die auf der Bühne herumstolzieren. Deshalb werden solche stillen Männer und Frauen gebraucht, die Werkzeuge in Gottes Hand sind und sich der Sonne zuwenden – die Leute mit »Südlage«.

Wenn Sie den Ruf vernehmen, sich unter diese Menschen einzureihen, überhören Sie ihn nicht, sondern antworten Sie freudig mit: »Ich höre, folge und komme.« Lassen Sie zu, dass sich der Samen zu einer Pflanze entwickelt und die Pflanze Blätter, Knospen und Blüten bekommt. Wenn Sie den Impuls spüren, widersetzen

Sie sich nicht, sondern öffnen Sie sich für die Sonne, empfangen Sie ihre Strahlen und alles wird gut werden. Haben Sie keine Angst, sondern lassen Sie die Liebe in sich zu, die die Furcht vertreibt. Legen Sie Ihre Hand in die der höchsten Macht und sagen zu ihr: »Führe Du mich.« Nach einer jahrhundertelangen Irrfahrt kommen Sie nach Hause.

18| Ein Vorwort[4]

Ein Individualist – Kein Etikett oder Namensschildchen tragen – Niemand hat Anspruch auf die Wahrheit – Gerade genug zum Leben – Die unendliche Kraft hinter allen Dingen – Das wahre Selbst ist die Seele – Das Gesetz der Anziehung – Angstgedanken – Die Brüderlichkeit des Menschen

Im Allgemeinen bezeichne ich mich als »Wissenschaftler des Geistes« und bin bei meinen Freunden als solcher bekannt, aber ich benutze diese Bezeichnung nur, weil sie weit gefasst ist, nicht weil ich das Etikett irgendeiner Schule des Neuen Denkens oder das Namensschildchen eines besonderen Lehrers trage. Ich bin ein Individualist. Ich glaube an das Recht eines jeden Menschen, seine eigenen Gedanken zu hegen und seinen Weg zur Wahrheit auf dem Weg zu finden, der ihm entspricht, selbst wenn er dafür lieber querfeldein läuft. Obwohl alle Menschen Brüder sind und jeder Einzelne Teil eines mächtigen Ganzen ist, glaube ich, dass jeder dennoch auf eigenen Beinen stehen, zu seiner Erlösung selbst beitragen und selbstständig denken muss. Meiner Meinung nach ist die Wahrheit überall und in allen Dingen zu finden. Wir finden Bruchstücke von ihr, wo auch immer wir graben. Ich glaube nicht, dass irgendjemand einen Anspruch auf die Wahrheit und ein Wissensmonopol hat. Ich glaube nicht an Päpste des Neuen Den-

4 Auszug aus dem gleichnamigen Artikel, in dem sich der Autor den Lesern vorstellte, nachdem er im Dezember 1901 Mitherausgeber der Zeitschrift »New Thought« geworden war.

kens oder einer anderen Lehre. Jeder von uns wird seinen eigenen kleinen Teil der Wahrheit entdecken, aber wir sollten dieses Fragment nicht für die absolute Wahrheit halten. Es ist gerade genug Wahrheit zum Leben und Teilen.

Ich meine, allen Lebewesen und Dingen wohnt eine unendliche Kraft inne. Obwohl wir heute nicht die leiseste Ahnung von dieser Kraft haben, entwickeln wir uns dennoch beständig weiter, um sie besser zu verstehen und uns mehr mit ihr zu verbinden. Sogar jetzt haben wir kurze Einblicke in ihre Existenz – die kurzfristige Bewusstheit des Einsseins mit dem Absoluten. Ich glaube, dass das größte Glück darin liegt, sich gegenüber dem Absoluten wie ein vertrauensvolles Kind zu verhalten, das weder an der Liebe seiner Mutter oder seines Vaters noch an ihrer Weisheit zweifelt und seine kleine Hand in ihre oder seine legt und sagt: »Führe Du mich.« Derjenige, den es zum Absoluten hinzieht, der vertrauensvolle Säugling, der sein müdes Köpfchen an die Mutterbrust schmiegt, wird sich auch der zärtlichen Erwiderung der Geste bewusst, indem es noch fester ans Herz der Mutter gedrückt wird. Ich glaube an all dies, denn ich habe es gespürt.

Ich glaube, dass der Mensch unsterblich ist und die Seele das wahre Selbst ist, das den Geist und den Körper als Werkzeuge benutzt und sich entsprechend ihrer Tauglichkeit zum Ausdruck bringt. Ich glaube, dass sich der Mensch schnell in eine neue Bewusstseinsebene hineinentwickeln wird, auf der er sich selbst erkennen und das »Ich bin« in seinem Inneren entdecken wird. Viele haben täglich solche Einblicke in die Wahrheit. Diejenigen, die erwacht und offen sind, können die ersten Lichtschimmer der großen Morgendämmerung bereits jetzt erkennen.

Ich glaube, dass der Geist des Menschen die stärkste Kraft überhaupt besitzt und das Denken eine der größten Energie-Manifestationen ist. Wer die Gedankenkraft beherrscht, kann praktisch alles

erreichen, was er will. Meiner Meinung nach unterliegt nicht nur der Körper der Kontrolle des Geistes, sondern auch das »Glück«, das zwar durch veränderte Lebensumstände bewirkt werden kann, aber durch den Austausch negativer gegen positive Gedanken hervorgerufen wird. Ich weiß, dass uns die Einstellung »Ich kann und werde es schaffen« zum Erfolg führen wird, der demjenigen, der sich auf der Stufe des »Ich kann nicht« befindet, wie ein Wunder erscheint. Ich glaube, dass Gedanken Dinge sind und das Gesetz der Anziehung in der Gedankenwelt genau das herbeiführen wird, was sich jemand wünscht oder befürchtet.

Ich glaube, dass Angstgedanken mehr als alles andere auf der Welt die Ursache von Leid, Unglück, Krankheit, Verbrechen, Misserfolg und anderen unerwünschten Ereignissen sind. Ich habe die Absicht, dieses Ungeheuer mit meinen Beiträgen heftig zu bekämpfen. Ich habe vor, ihm mit der Gnade Gottes in meinem Herzen und einem harten Holzknüppel in der Hand zu Leibe zu rücken. Ich werde viele von Ihnen dazu bringen, die Furcht mit der Wurzel auszureißen – Sie brauchen Sie nicht mehr. Ich werde Ihnen das Evangelium der Furchtlosigkeit predigen. Sie brauchen nichts auf der Welt (oder außerhalb von ihr) zu fürchten – außer der Furcht.

Ich werde Ihnen auch die Heilsbotschaft des Mutes verkünden. Ich werde darauf bestehen, dass Sie ein stählernes Rückgrat bekommen anstatt eines aus Gummi, das manche von Ihnen besitzen. Sie bezweifeln das, oder? Gut, warten Sie nur ab.

Ich glaube an die Brüderlichkeit des Menschen und an seine Güte. Ich glaube daran, dass sich jeder um seine eigenen Angelegenheiten kümmert und allen anderen das gleiche Vorrecht zugesteht. Ich glaube, dass wir kein Recht haben, jemanden zu verdammen, denn »wer ohne Sünde ist, werfe den ersten Stein«. Ich glaube, dass ein hasserfüllter Mensch ein Attentäter, ein neidischer Mensch ein Dieb und ein gieriger Mensch ein Ehebrecher ist und

der Ursprung eines Verbrechens im Wunschdenken liegt. Wenn wir dies erkennen und in unsere eigenen Herzen blicken, wie können wir jemand anderen verdammen? Ich halte das Böse für nichts anderes als Unwissenheit. Ich glaube, alles zu verstehen bedeutet, alles zu verzeihen. Ich glaube an das Gute in jedem Menschen. Helfen wir ihm, es zu verwirklichen. Ich glaube an die absolute Gleichstellung von Mann und Frau. Manchmal meine ich, die Chancen stehen für die Frau ein wenig günstiger. Ich glaube an die Heiligkeit der Sexualität, aber auch daran, dass sie sich ebenso auf der spirituellen und mentalen wie auf der körperlichen Ebene manifestiert. Darüber hinaus glaube ich, dass für einen unverdorbenen Menschen alles rein ist.

Außerdem glaube ich an das Evangelium des Bemühens, daran, »sich ins Zeug zu legen«. An das »Ich mache« ebenso wie an das »Ich bin«. Ich weiß, dass derjenige, der die Gedankenkraft nutzt und sie in die Tat umsetzt, sich ebenso sicher und stetig auf Erfolgskurs begibt wie der Pfeil eines erfahrenen Bogenschützen.

19| Partnerschaft

Neben der Ehe ist die Partnerschaft die wichtigste Beziehung – Geistige Partnerschaften – Seien Sie vorsichtig bei der Auswahl Ihrer geistigen Partnerschaften – Gehen Sie eine Partnerschaft mit den besten Gedanken ein – Lösen Sie Beziehungen, die auf den gegenteiligen Gedanken beruhen – Ich kann und ich werde es schaffen, ich mache und wage es

Neben der Ehe ist eine partnerschaftliche Verbindung die wichtigste Beziehung, die ein Mann oder eine Frau eingehen kann. Sie hat weitreichende Konsequenzen, kann schwer wieder aufgelöst werden und hängt sehr stark vom Einsatz der beiden Partner ab. Deshalb ist es von höchster Wichtigkeit, bei der Auswahl der Partner größte Sorgfalt und Vorsicht walten zu lassen. Falls irgendjemand unter meinen Lesern überlegen würde, eine Partnerschaftsvereinbarung mit anderen zu treffen, würde er sicherlich diejenigen auswählen, die über die am meisten erwünschten Eigenschaften verfügen und am meisten Erfolg versprechen. Er würde diejenigen aussortieren, denen es an Vertrauen mangelt und die von Angst, Sorge, Mutlosigkeit und anderen Merkmalen der »Ich kann nicht«-Sorte geprägt sind. Er würde den mutigen, zuversichtlichen »Ich kann und ich werde es schaffen«-Typ auswählen. Er würde sich von jenen fernhalten, in denen Hass, Bösartigkeit, Eifersucht, Neid, Engstirnigkeit und andere Eigenschaften der Unwissenheit sehr stark zum Ausdruck kommen. Kurz, seine Wahl würde auf diejenigen fallen, die das größte Maß an Erfolg verspre-

chenden Qualitäten besitzen, und er würde sorgfältig darauf achten, jene mit gegenteiligen Wesenszügen zu meiden. An der Wahrheit des hier Gesagten besteht kein Zweifel, wie jeder von Ihnen einräumen wird.

Nun möchte ich Ihnen nichts über normale Geschäftsbeziehungen erzählen, die kennen Sie alle, sondern ich möchte Ihre Aufmerksamkeit auf die Tatsache lenken, dass Sie jeden Tag höchst bedeutsame Partnerschaften mit weitreichenden Konsequenzen eingehen, derer Sie sich wahrscheinlich bisher nicht bewusst gewesen sind. Wenn Sie auf diese Tatsache erst einmal aufmerksam geworden sind, werden Ihnen viele Dinge viel klarer werden, die bisher ziemlich im Dunklen lagen, und Sie werden zukünftig Fehler vermeiden können, die Sie in der Vergangenheit recht häufig gemacht haben. Diese Lektion ist sehr wichtig. Ich bin mir sicher, dass Sie meinen Rat befolgen werden.

In meinen vorangegangenen Kapiteln habe ich erklärt, dass Ihr Geist ein starker Magnet ist, der die Gedanken anzieht, die der Geist anderer aussendet. In der Gedankenwelt zieht sich Gleiches an, und die hervorstechende Qualität Ihrer Gedanken wird sich in den Gedankenwellen ausdrücken, die aus dem großen Gedankenmeer zu Ihnen gespült werden. Ihr Gedanke vermischt und verbindet sich mit den Gedanken eines gleichgesinnten Geistes. Sie und die anderen Sender bestärken sich aufgrund der Verbindung der Kräfte gegenseitig in ihrer geistigen Einstellung. *Sie gehen eine geistige Partnerschaft mit diesen unbekannten Denkern ein und ziehen sie an – und umgekehrt.* Warum heißt es im Geschäfts- und Alltagsleben »gleich und gleich gesellt sich gern«? Ganz einfach deshalb, weil sie durch das Gesetz der geistigen Anziehung unwiderstehlich zueinander hingezogen werden. Die Menschen, denen Sie begegnen, haben die gleiche geistige Einstellung wie Sie. Vielleicht stimmen Sie dieser Behauptung nicht zu, aber eine genauere Untersu-

chung wird ihre Richtigkeit beweisen. Der vorwärtsstrebende, sich bemühende erwachte Mensch wird Partner mit der gleichen gedanklichen Ausrichtung anziehen, während der Ängstliche sicher sein kann, stets von Menschen mit den gleichen Schwächen umgeben zu sein. Dies gilt nicht nur im Hinblick darauf, dass das Gesetz Sie aktuell in Kontakt mit gleichgesinnten Menschen bringt, sondern dass Sie sich mit Hunderten von Menschen verbinden, die in den gleichen Zusammenhängen denken, obwohl Sie ihnen vielleicht niemals physisch begegnen werden. Sie werden eine Partnerschaft mit Ihnen eingehen und wie bei einer normalen Geschäftsbeziehung die Gewinne und Verluste der Firma teilen. Es ist leicht vorherzusagen, wohin das Pendel ausschlagen wird.

Wenn Sie mit einem Menschen auf geschäftlicher Ebene Kontakt aufnehmen und dabei mit Angstgedanken, mangelndem Vertrauen usw. beladen sind, bringen Sie eine ähnliche Saite in ihm zum Klingen und er spürt instinktiv, dass er in Sie oder Ihr Unternehmen kein Vertrauen hat. Wenn es sich um einen Mann handelt, dessen Mut hervorsticht, empfindet er die Dissonanz und möchte Sie sobald wie möglich wieder loswerden. Falls er auch ein »Ich kann nicht«-Typ ist, wird er eine Gemeinsamkeit mit Ihnen spüren, aber das wird Ihnen nichts Gutes einbringen. Es handelt sich um einen Fall von »Leid liebt Gesellschaft«, und das Erste, was Sie mit ihm erleben werden, sind tiefschürfende Gespräche über »schlechte Zeiten«, »schlechte Ernten«, »das Land wird vor die Hunde gehen«, »heutzutage hat ein Mann keine Chance mehr«, »wir werden alle im Armenhaus landen« usw. usw. Ich habe das schon oft erlebt. Sie etwa nicht? Wenn Sie jedoch beide zu der Sorte Mensch mit der Einstellung »Ich kann und ich werde es schaffen« gehören, liegen die Dinge ganz anders. Sie werden ihm sympathisch sein und er wird das Gefühl haben, dass er Sie versteht. Früher oder später werden Sie Geschäfte miteinander machen. Tatsächlich hat Ihre Geschäftsbezie-

hung bereits bei Ihrem ersten Treffen begonnen. Wenn es Ihnen gelingt, sich auf die geistige Haltung eines Menschen einzustimmen, mit dem Sie ins Geschäft kommen wollen, werden Sie mit ihm klarkommen, so viel steht fest.

Wenn Sie eine Idee im Kopf haben und gleichzeitig die richtige geistige Einstellung, kommen Sie in seelische Berührung mit allen anderen, die auf der gleichen Wellenlänge sind. Sie lassen sich von ihnen inspirieren und beide geistigen Partner profitieren gleichermaßen davon. Menschen, die das gleiche Ziel haben, werden bis zu einem bestimmten Grad am Fortschritt des anderen teilhaben und aus dem geistigen Reservoir anderer schöpfen, je nachdem ob sie eine positive oder negative Ausrichtung haben. In der Tat wird der gesamte Wissensvorrat und Entwicklungsprozess von den Partnern angezapft, die eine positive geistige Einstellung haben. Neue Pläne, Ideen, Kombinationsmöglichkeiten, Entwürfe und Methoden werden ihnen einfallen. Sie unterstützen sich dadurch nicht nur gegenseitig, sondern ziehen auch diejenigen mit einer weniger positiven Haltung mit. Dies ist scheinbar ein hartes Gesetz, aber wie alle Naturgesetze ist es so streng, damit wir früher oder später unsere Lektion lernen. Wir lernen nur aus Erfahrung. Die Wirkungsweise des Gesetzes der geistigen Anziehung liefert uns ein gutes Beispiel für den für viele unverständlichen Spruch: »Denn wer hat, dem wird gegeben und überreichlich gewährt werden; wer aber nicht hat, von dem wird selbst, was er hat, genommen werden« (Mt 13,12). Wie dem auch sei, so funktioniert das Gesetz.

Diese geistige Partnerschaft betrifft nicht nur das Thema Erfolg. Sie wirkt sich auf alle Lebensbereiche aus. Sie werden feststellen, dass die negativen Gefühle Menschen, Gedanken und Dinge anziehen, die sie nähren können. Nehmen wir einmal an, ein Mann oder eine Frau lebt Eifersucht und – siehe da! – schon werden die Gründe für das Gefühl der Eifersucht wie aus dem Erdboden ge-

stampft. Alle möglichen Ereignisse scheinen sich zu verschwören, um das »grünäugige Ungeheuer« zu füttern, bis es dick und fett geworden ist. Nehmen wir weiterhin an, ein Mann oder eine Frau erfährt, dass jemand ihn oder sie kränken möchte. Wenn sie an diesem Gedanken festhalten, wird es dem armen Opfer der Angstgedanken bald so vorkommen, als wolle die ganze Welt es verächtlich und abwertend behandeln, vernichten und seine Gefühle verletzen. Wenn der Betreffende seine Einstellung beibehält, wird das Leben für ihn zu einer unerträglichen Last. Es wird für ihn keine andere Lösungsmöglichkeit geben als die Veränderung seiner Geisteshaltung. Nehmen wir weiter an, jemand stelle sich vor, jeder versuche ihn zu betrügen. Nur mit viel Glück wird er nicht in die Situationen geraten, vor denen er sich gefürchtet hat. Wenn ein Mensch Hass und Bösartigkeit kultiviert, wird er früher oder später durch die Partner, die er angezogen hat, mit allen möglichen Ereignissen konfrontiert werden, in denen Hass und Bösartigkeit herrschen. »Denn alle, die das Schwert nehmen, werden durchs Schwert umkommen« (Mt 26,52). Dieser Bibelspruch erweist sich tagtäglich als richtig. Wer jeden Menschen für einen Schurken hält, wird genug Halunken treffen, die seine Überzeugung bestätigen. Am Ende wird er wahrscheinlich selbst für einen Gauner gehalten, denn er wird alle möglichen verbrecherischen Menschen und Machenschaften anziehen.

Sind Sie morgens schon einmal schlecht gelaunt aufgewacht? Nun, falls ja, haben Sie wahrscheinlich herausgefunden, dass der Grund dafür der unvermeidliche Ehekrach über Buchweizenkuchen und Kaffee war, nach dem Sie Ihre Frau weinend zurückgelassen haben und so die Kinder gut vorbereitet dafür waren, in der Schule Ärger zu bekommen, sodass es offenbar jeder »auf Sie abgesehen hatte«. Irgendein Kerl trat Ihnen dann im Zug auf den Zeh mit dem Hühnerauge, ein anderer rempelte Sie an usw. In der

Arbeit lief alles schief und der ganze Tag verlief schrecklich, falls Sie sich keinen Ruck gegeben haben. Und Sie waren froh, als der Abend kam und Sie sich in den Schlaf flüchten konnten. Sie werden in solchen Fällen immer viele Menschen finden, die darauf warten, eine geistige Partnerschaft mit Ihnen einzugehen. Wenn Sie auf Streit aus sind, werden Sie ihn sich einhandeln.

Ich sage Euch, liebe Freunde, Menschen stehen alle in mehr oder weniger starker seelischer Verbindung. Je eher wir diese Tatsache begreifen, desto besser ist es für uns. Das Gesetz der geistigen Anziehung nützt oder schadet uns, je nachdem wie wir es nutzen. Wenn wir dem Gesetz zuwider handeln, wird uns eine Lektion nach der anderen erteilt werden, bis wir etwas daraus lernen. Doch wenn wir uns auf die Wirkungsweise des Gesetzes einstellen, werden wir die Vorzüge genießen, die dem Menschen zuteilwerden, wenn er die großartigen Naturkräfte meistert und beherrscht.

Also gehen Sie keine unerwünschten Partnerschaften ein, sonst müssen Sie die Konsequenzen tragen. Wenn Sie bereits eine derartige Beziehung unterhalten, lösen Sie sie sofort und kündigen Sie sie auf. Nach kurzer Zeit werden Sie die alten Schulden getilgt und die Angelegenheiten bereinigt haben und auf einer anderen Basis Geschäfte tätigen. An dieser Stelle sei gesagt, dass Sie in die besten mentalen Unternehmen auf der Welt kommen werden, wenn Sie sich jetzt gleich an die Arbeit machen. Sie werden nichts gegen Sie einzuwenden haben, wenn Sie ein passender Geschäftspartner sind, und tatsächlich konnten sie Sie nicht einmal von sich fernhalten, selbst wenn sie wollten. Der Zauberspruch in der richtigen Geisteshaltung wird die Türen öffnen. Befreien Sie sich von alten Denkmustern und stellen Sie neue Verbindungen her. Kommen Sie in Berührung mit den richtigen Gedankenwellen, Menschen und Dingen. Bilden Sie die richtige geistige Einstellung aus und bitten Sie um Einlass in Ihr Wunschunternehmen. Gute Mitarbeiter sind

in allen Geschäfts- und Wirtschaftszweigen und Berufen selten. Es gibt Platz für Sie – auch ganz oben an der Spitze. Holen Sie sich, was Ihnen zusteht. Lassen Sie sich nicht um Ihr Erbe bringen. Behaupten Sie sich. Schließen Sie sich heute der soliden, geschäftstüchtigen Firma an, auf deren Schild steht: »Ich kann und ich werde es schaffen, ich mache und wage es.«

20 | Die Suchenden

Das Geheimnis des Lebens – Das Rätsel der Existenz – Die ewige Suche nach Antworten – Das Warum der Dinge – Versuche das Rätsel zu lösen – Die Sucher – Fantastische Glaubensvorstellungen und seltsame Philosophien – Alte Vorstellungen aufpolieren – Die Geschichte vom Mann und den Sternen – Die Antwort liegt in der Seele verborgen

Ich lache über die Überlieferungen und den Stolz des Menschen,
Über die Sophisten-Schulen und die Gelehrten,
Denn was sind sie alle schon in ihrer hochtrabenden
 Überheblichkeit,
Wenn der Mensch im Dornbusch Gott begegnet?

R. W. Emerson

Ebenso wie in der Vergangenheit versucht der Mensch auch heute, das Geheimnis des Lebens zu ergründen – das Rätsel der Existenz. Er möchte wissen, woher er kommt und wohin er geht und was der Sinn seines Lebens ist. Er möchte das Warum der Dinge verstehen – und was sie bedeuten. Er ist wie ein Hamster im Käfig, der sich im Laufrad erschöpft, nur um am Ende seiner Reise wieder am Ausgangspunkt anzukommen. Oder, was noch schlimmer ist, wie der Wildvogel in Gefangenschaft im Kampf um seine Freiheit immer wieder gegen die Gitterstäbe seines Gefängnisses schlägt, bis er schließlich schwach und blutend und immer noch gefangen am Boden liegt.

Von Beginn der Menschheitsgeschichte an bis heute ist dies so gewesen. Weise, Seher, Propheten und Philosophen haben sich bemüht, das Problem zu lösen, aber ihre Bemühungen führten zu nichts und das Rätsel blieb offen. Der Mensch ist immer wieder in das gleiche Gedankenkarussell geraten, nur um am Ende zu entdecken, dass es keinen Anfang und kein Ende hat. Er glaubt, dass er die Dinge erklärt hat, aber er hat ihnen nur Bezeichnungen gegeben. Die ganze wissenschaftliche Forschung, alle theologischen und metaphysischen Spekulationen konnten nicht einmal erklären, warum das Senfkorn sprießt. Selbst für den genialsten Menschen unserer Zivilisation bleiben Leben und Tod ebenso ein Geheimnis wie für die ungebildeten Bewohner der Steinzeit. Rassen, Nationen und Zivilisationen kommen und gehen. Glaubensvorstellungen tauchen auf, verbreiten sich, nehmen wieder ab und gehen unter, doch das Geheimnis bleibt immer noch bestehen.

In unserer Zeit scheint der latente Wunsch des Menschen, den Vorhang zu lüften, wieder erwacht zu sein. Viele Denker haben das Pendel hin zu einem übertriebenen Materialismus ausschwingen lassen, doch nun fängt es an, in die andere Richtung auszuschlagen, wo es eine seltsame und wunderbare Wiedererweckung alter Glaubensvorstellungen und Philosophien hervorruft. Jene, die sich längst von den anerkannten Glaubensrichtungen abgewandt haben, befinden sich nun in Gesellschaft derer, die sich immer noch der Kirche zugehörig fühlen, aber denen die Glaubenssätze, die von ihren Vorvätern geprägt wurden, zu eng gefasst sind.

Der Verfechter des Neuen Denkens, der auf dem Gipfel angelangt ist, sieht sich dort oftmals von Angesicht zu Angesicht einem Wissenschaftler gegenüber, der von der anderen Seite des Berges aus dorthin gelangt ist. Sowohl der Wissenschaftler als auch der Neue Denker dürfen sich nicht wundern, wenn ein Vertreter einer neuen religiösen Richtung seinen Fuß ebenfalls auf denselben Berg-

gipfel setzen will. Aber nachdem sich das Trio zum gelungenen Gipfelsturm gratuliert hat und die Aussicht genießt, muss es erkennen, dass ihr Berg nur ein Gebirgsausläufer ist, den die wirklich hohen Berge in der Ferne überragen und die höchsten Gipfel hinter den Wolken verbogen liegen!

Wir müssen uns nur einmal umsehen, um zu erkennen, wie unermüdlich nach der Lösung des Rätsels gesucht wird. Neue Glaubensvorstellungen, Philosophien, Kulte und Schulen begegnen uns auf Schritt und Tritt. Die Vergangenheit wurde nach ausrangierten Philosophien durchstöbert, die für den modernen Gebrauch überholt und zurechtgeschnitten wurden. Manch alter und fast vergessener Glaube wurde entstaubt, der nun mit neuem Namen in neuem Glanz wieder erstrahlt. Um den Glaubensvertretern des 20. Jahrhunderts neues Material zu liefern, wurde Plato überarbeitet. Die wildesten Träume der Vorfahren wurden der eifrigen Menge in etwas abgeschwächter Form kühn als die lang gesuchte Antwort auf alle Fragen präsentiert. Priester und Lehrer aller Religionen auf der Welt wetteifern mit den Predigern und Predigerinnen der neuen Philosophien und Glaubensrichtungen in unserem Land und buhlen um die Gunst des Publikums. Wie schrecklich und zugleich wundervoll aufgemacht diese neuen, hausgemachten Philosophien doch sind! Die alten griechischen und römischen Philosophien sind geschickt mit den Glaubensvorstellungen des Orients vermischt worden. Das Ergebnis unterscheidet sich von allem, was Götter oder Menschen jemals zuvor gehört haben.

Brahmanen, Buddhisten, Konfuzianer, Mohammedaner und Sonnenanbeter haben bei uns Tausende von Anhängern und auch Isis und Osiris werden schon bald wieder einen gebührenden Platz in einem neuen Pantheon bekommen. Thor und Odin werden zweifellos neu aufgemacht und die Rituale der Druiden wiederbelebt. Jeden Tag halten wir an unseren Küsten Ausschau nach einer

Rauchwolke als Vorbote des Himmelreichs. Das Landesprodukt ist, wenn möglich, fantastischer und skurriler als der Importartikel. Mit der Aura von Autorität werden die verrücktesten Behauptungen aufgestellt und von den Anhängern einiger Sekten nachgebetet. Wenn man manche modernen Propheten und Prophetinnen beobachtet, wie sie sich auf ihrer kleinen Bühne hervortun und himmelschreiende Kapriolen schlagen und auf diese Weise zur Belustigung der Nationen beitragen, weiß man nicht, ob man lachen oder weinen soll. Das Bedürfnis nach solchen Vorstellungen wurde geweckt und nichts scheint den Anhängern der modernen Glaubensrichtungen zu überspannt zu sein.

Was ist mit dem Gefolge dieser merkwürdigen Propheten? Viele sind nur sensationslustig. Andere sind vom Durst nach etwas Neuem getrieben. Manche sind aufrichtige Wahrheitssucher. Wieder andere haben sich von ihrem alten Ankerplatz losgemacht und treiben nun führungslos und ohne Anker herum, jeder Strömung ausgeliefert, die sie fortschwemmt. Tausende haben noch nie etwas von den Philosophien und Glaubensvorstellungen unserer Vorfahren gehört und lassen sich nun von den aufpolierten Lehren blenden, die von den modernen Propheten verbreitet werden, und glauben, dass sie eine Eingebung des Absoluten sind, weil die (für sie) neuen Wahrheiten faszinierend und neuartig erscheinen. Neue Götter und auch neue Teufel sind erstanden. Der »bösartige geistige Magnetismus« ist für die Anhänger der christlichen Wissenschaft ebenso ein Teufel wie noch vor hundert Jahren der biblische Teufel für unsere Vorväter.

Die neuen Kulte veranstalten zunächst gewöhnliche Heilzeremonien mithilfe der Geisteskraft und anderer Naturgesetze, die sie in die Prinzipien und Lehren ihrer jeweiligen Sekte einfließen lassen. Inzwischen geben viele von ihnen freimütig zu, dass sie die Stufe der Heilung bereits überschritten haben und auf die bloße

Heilung von Krankheit herabsehen, da diese zu eng mit der verabscheuten »materiellen« Ebene verbunden ist, um ernsthaft in Betracht gezogen zu werden. Die modernen religiösen Führer sind damit beschäftigt, den Suchern wunderbare, hochtrabende spirituelle Wahrheiten zu verkünden und bis in die transzendenten Wolken aufzusteigen, während sie ihre Anhänger zurücklassen, die ihnen hinterherstarren wie die Menge einem aufsteigenden Fesselballon.

Es war einmal ein Reformer, der eine öffentliche Versammlung besuchte und an einer hitzigen Debatte über ein wichtiges Tagesthema teilnahm. Schließlich verließ er den Saal erregt, erschöpft und frustriert über die vergebliche Mühe und ging nach Hause. Es war eine wunderschöne kalte Winternacht und der klare Himmel war übersät mit leuchtenden Sternen. Der Mann blieb einen Moment stehen und blickte hinauf. Die Sterne funkelten fröhlich vor sich hin. Sie schienen in keiner Weise von dem Geschehen bei der Versammlung beeindruckt. Sie wirkten so wie damals, als er sie als kleiner Junge staunend betrachtet hatte. Als er dort hinaufblickte, überkam ihn eine friedvolle Ruhe, und seine Sorgen, Zweifel und Ängste schienen ihm unbedeutend. Zuletzt bemerkte ihn offenbar ein kleiner Stern und er meinte, einen wohlwollenden Blick zu ihm nach unten zu erkennen und hörte ihn mit fröhlicher Stimme sagen: »Warum regst du dich so auf, kleiner Mensch?«

Wenn uns Zweifel bedrücken, wenn wir von Angst geplagt, wegen unserem mangelnden Vertrauen und der Furcht geschwächt sind, sollten wir zu den Sternen hinaufschauen. Wenn wir diese fernen Lichter betrachten und uns bewusst sind, dass sie der Mittelpunkt von Sonnensystemen sind und es neben ihnen überall noch zahllose andere Sonnen und Galaxien gibt, sollten wir unseren Mut zusammennehmen und erkennen, dass wir Teil eines mächtigen Gesetzes und fantastischen Plans sind. Wir sollten uns klarmachen, dass die Kraft, die diese Dinge hervorgebracht hat und in

der Lage ist, sie und noch größere Ereignisse zu beherrschen, uns alle unter ihre Obhut nimmt und nicht zulassen wird, dass wir vernichtet werden. Wir sollten uns eingestehen, dass wir erst im Kindergartenalter unseres Lebens sind und uns von einer Ebene zur nächsten weiterentwickeln werden, immer weiter die Leiter hinauf, bis wir schließlich das ABC des Lebens buchstabieren und uns der Multiplikationstabelle des Universums zuwenden können.

In der Zwischenzeit sollten wir ein Leben voller Vertrauen und Hoffnung führen, immer nur von einem Tag zum nächsten leben, unser Bestes geben, uns an unserem einfachen menschlichen Dasein erfreuen und anderen behilflich sein. Wir sollten uns von Furcht und Hass befreien und sie durch Mut, Vertrauen und Liebe ersetzen. Wir sollten nach dem Guten anstatt dem Bösen Ausschau halten. Wir sollten Misserfolg nur als Lernerfahrung auf dem Weg zum Erfolg betrachten. Wir sollten den Tod als Geburt betrachten. Wir sollten für diese Welt unser Bestes geben in dem Bewusstsein, dass wir dadurch auf unser nächstes Leben vorbereitet werden. Wir sollten erkennen, dass wir bereits jetzt in der Ewigkeit leben. Wir sollten verstehen, dass Gott nicht so weit weg ist, wie man uns gelehrt hat, denn stimmt es etwa nicht, dass wir »in ihm leben, uns bewegen und sind« (Apo 17,28)? Bewahren wir also unseren Sinn für Humor, denn er schützt uns vor so manchen Ängsten, Dummheiten und Enttäuschungen.

Schließlich sollten wir uns von der Menge fernhalten, die religiösen Führern, Propheten, Weisen und Sehern mal hierhin, mal dorthin hinterherläuft. Blicken wir stattdessen in unser Inneres und entdecken die kleine Flamme, die dort beständig brennt. Machen wir uns bewusst, dass wir das Licht der Seele in uns tragen, das durch nichts ausgelöscht werden kann. Um es mit den Worten des guten alten John Henry Newman auszudrücken:

»Führe du mich, du mildes Licht, im Dunkel, das mich umgibt.
Führe du mich hinan.
Die Nacht ist finster und ich bin fern der Heimat.
Führe du mich hinan.
Leite du meinen Fuß.
Und sehe ich auch nicht weiter,
Wenn ich nur sehe jeden Schritt.
Führe du mich hinan.«

21| Geistige Bilder

Ich hänge heitere Bilder in meinem Geist auf – Heitere Bilder ermutigen uns, während uns düstere Bilder bedrücken – Befreien Sie sich von Ihren alten, düsteren geistigen Bildern – Machen Sie damit ein Freudenfeuer – Zuallererst werden Sie das besonders hässliche Bild los – Dann ersetzen Sie die finsteren durch heitere Bilder

Ich hänge jetzt heitere Bilder in meinem Geist auf«, sagte neulich eine Freundin zu mir. Ohne weitere Erklärung verstand ich den Grund für ihre heitere, fröhliche und glückliche Stimmung, die in starkem Gegensatz zu der niedergeschlagenen und gereizten Frau standen, die ich noch vor ein paar Monaten erlebt hatte. Die Veränderung schien so bemerkenswert, dass man eigentlich erwartet hätte, irgendein Glücksfall hätte die wundersame Veränderung bewirkt. Stattdessen gab es eine so banale Erklärung dafür.

Doch denken Sie einmal darüber nach, wie viel mehr sich in diesem Gedanken verbirgt: »Ich hänge heitere Bilder in meinem Geist auf.« Halten Sie einen Moment inne und lassen Sie den Gedanken tief in Ihr Bewusstsein sinken. »Heitere Bilder im Geist.« Warum denn nicht? Wenn wir ein Zimmer oder Büro hell und freundlich gestalten wollen, ist uns klar, dass dort nur Bilder mit heiteren, fröhlichen Motiven aufgehängt werden dürfen. Das können die erlesensten Stiche oder Gemälde sein oder billige Bildchen, aber sofern sie heiter und freundlich sind, erfüllen sie ihren Zweck und

der Raum wirkt irgendwie freundlicher und einladender als vorher. Wenn wir ein Zimmer für den Aufenthalt eines lieben Menschen herrichten, würden wir dann dort nicht das heiterste Bild aufhängen? Würden wir dort Bilder mit Motiven von Schmerz und Elend, Hass und Mord, Eifersucht und Rache, Krankheit, Leid und Tod, Niederlage und Entmutigung aufhängen? Ich frage Sie, würden wir das tun? Würden Sie es tun? Wenn nicht, warum denn nicht, bitte schön? Ganz einfach deshalb, weil Sie instinktiv spüren, dass sich die finsteren, hasserfüllten Themen auf den geliebten Menschen auswirken würden. Ebenso wissen Sie, wie die heiteren, stimmungshebenden, inspirierenden Motive den Bewohner des Zimmers wahrscheinlich aufrichten, anregen, ermutigen und ihm guttun werden.

Haben Sie schon einmal bemerkt, dass manche Räume wohltuend auf Sie wirken, während andere Sie bedrücken? Sicherlich haben Sie das schon erlebt. Wenn Sie also das nächste Mal in diese Zimmer gehen, schauen Sie sich ein wenig um und finden heraus, ob sich Ihre Stimmung nicht durch den Stil der Bilder an den Wänden erklären lässt. Vielleicht sind sie Ihnen vorher nicht besonders aufgefallen, aber mit ihren unterbewussten geistigen Fähigkeiten haben Sie den Eindruck aufgenommen und die Reaktion darauf hat Sie beeinflusst. Wer kann der gewinnenden Ausstrahlung eines heiteren Babygesichts widerstehen, das ihn aus einem Bildchen auf dem Kaminsims oder an der Wand anlächelt? Ich zum Beispiel kann es nicht. Wer fühlt sich nicht dem gütigen heiligen Bernhard verbunden, dessen große, liebevolle Augen aus dem Stich an der gegenüberliegenden Wand auf Sie herabschauen? Andererseits, wer könnte – aber nein, ich werde in diesem Kapitel nicht die Wirkung der anderen Bilder beschreiben.

Kehren wir zurück zu den Bildern im Geist. Wenn die düsteren Motive an der Wand eine Wirkung auf die Menschen haben,

welche Wirkung haben Ihrer Meinung nach finstere, bedrückende Szenen voller Angst, Hass, Eifersucht und Neid? Kann irgendetwas Gutes dabei herauskommen, wenn Sie diesen Müll mit sich herumschleppen? Seien Sie ehrlich. Warum packen Sie dieses geistige Schreckensszenario nicht zusammen und machen mit dem ganzen Zeug ein Freudenfeuer? Jetzt ist es Zeit für einen Hausputz. Machen Sie sich an die Arbeit und reinigen Ihre Wände von den scheußlichen Schmierereien und ersetzen sie durch schöne, heitere, fröhliche, glückliche, sonnige geistige Kunstwerke. Machen Sie es heute noch. Sie können es sich wirklich nicht leisten, die Angelegenheit auf morgen zu verschieben.

Natürlich weiß ich auch, dass Sie an einigen dieser alten geistigen Bilder hängen. Sie besitzen sie schon so lange, dass Sie sich nicht davon trennen wollen. Da ist dieses besonders hässliche Bild, das Sie so gerne betrachten – Sie wissen schon, welches ich meine. Wie Sie sehen, weiß ich alles darüber. Sie sind es gewohnt, sich mit gefalteten Händen davor zu stellen und es endlos lange anzustarren. Je länger sie es anschauten, desto elender fühlten Sie sich, bis Sie schließlich am liebsten am Boden liegen und sterben wollten. Nur die Tatsache, dass es im Haus noch etwas zu tun gab, hat sie davon abgehalten. Ja, genau dieses Bild meine ich. Hängen Sie es ab, werfen es auf den Holzstoß für das Lagerfeuer und zünden den Krempel an. Dann gehen Sie zurück ins Haus und hängen lauter neue Bilder auf. Das schönste Gemälde muss an die Stelle kommen, wo das lieb gewonnene hässliche hing, das Sie als Letztes weggeworfen haben und von dem Sie sich so schwer trennen konnten (es ist immer das Schlechteste in der Sammlung).

Nachdem Sie dies erledigt haben, werden Sie sich viel besser fühlen. Sehen Sie doch, wie hell und heiter die Sonne heute scheint, wie rein und frisch die Luft ist – atmen Sie sie tief ein. Schauen Sie aus dem Fenster und betrachten die flauschigen weißen Wolken am

Himmel. Und der Himmel – wie blau er doch ist. Hören Sie nur den Gesang der Drosseln im Garten. Bald wird der Frühling einziehen. Ach, wie schön es ist, am Leben zu sein!

22| Verkaufen Sie Ihren Kummer nicht weiter

Eine schlechte Angewohnheit – Sie wächst, wenn sie gefüttert wird – Nahrung für Freunde und Nachbarn – Sie zieht mehr Gleichgesinnte an – Was Sie erwarten, wird eintreffen – Wer nach Schwierigkeiten Ausschau hält, wird sie bekommen – Fühlen Sie sich nicht ausgenutzt – Verkaufen Sie Ihren Kummer nicht weiter

Verkaufen Sie Ihren Kummer nicht weiter. Glauben Sie etwa, dass es Ihnen irgendetwas nützt, wenn Sie mit langem Gesicht Ihre Leidensgeschichte jedem erzählen, den Sie dazu bringen können, Ihnen zuzuhören? Meinen Sie, Sie haben etwas davon? Denken Sie, es hilft Ihnen, Ihre Schwierigkeiten aus dem Weg zu räumen oder Ihre Last leichter zu machen? Nein, ich glaube nicht, dass Sie das denken. Ihre Lebenserfahrung hat Sie gelehrt, dass die Leute langatmigen Problemschilderungen nicht gerne zuhören, denn Sie haben selbst genug Schwierigkeiten. Sogar diejenigen, die immer bereit sind, zu helfen und jedem, der es braucht, jede erdenkliche Unterstützung zuteilwerden lassen, lehnen es ab, als Zielscheibe für einen ständigen Hagel von Problemen und Kümmernissen usw. zu dienen. Sie wissen nur zu gut, dass eine dauernde Wiederholung Ihres eigenen Kummers nur dazu führt, dass er Ihnen noch größer und wirklicher erscheint. Dann wird der chronische Wiederverkäufer seiner Kümmernisse wie eine Journalistin,

die ein gutes Gespür für die Themen entwickelt, die sie anderen auftischt und die sie für ihre Arbeit benötigt. Wenn sie sich angewöhnt hat, bei ihren Freundinnen Geschichten herumzuerzählen, geht ihr irgendwann der Stoff aus. Dann sucht sie fieberhaft nach mehr Informationen, um die Nachfrage zu befriedigen. Sie wird sehr geschickt darin, bei ihren Freunden und Verwandten Beleidigungen, Spott, zweideutige Bemerkungen usw. aufzuspüren, wo nichts Derartiges beabsichtigt war, und sie dreht und wendet sie in Gedanken unentwegt hin und her wie süße Naschereien, bevor sie sie ihnen in der passenden Aufmachung serviert.

Sie werden bemerken, dass ich bei dem Opfer dieser schlechten Angewohnheit von »ihr« spreche. Einige meiner Leserinnen werden mich zweifellos dafür zur Verantwortung ziehen, die Frau und nicht den Mann bezichtigt zu haben. Gut, Sie kennen alle meine Einstellung zur Gleichheit der Geschlechter und deren Unterschiedlichkeit, während beide gleich viel wert sind, wobei die Frau vielleicht einen Tick besser ist. Aber ich fühle mich zu der Aussage berechtigt, dass diese Angewohnheit bei Frauen besonders beliebt zu sein scheint und sich im Allgemeinen lieber eine Frau als einen Mann als Opfer sucht. Wenn ein Mann diese Gewohnheit annimmt, geht er seinen Freunden und Kollegen derart auf die Nerven, dass sie ihm früher oder später aus dem Weg gehen werden und ihm ein offenherziger Mensch sehr wahrscheinlich erklären wird, er habe keine Zeit, sich solche Geschichten anzuhören, und wenn er genauso viel Energie auf seine Arbeit verwenden würde wie darüber zu lamentieren, wie übel ihm mitgespielt wurde, dann bräuchte er kein Mitleid mehr. Doch eine Frau – Gott segne sie – möchte die Gefühle anderer nicht derart verletzen. Sie lässt das Gejammer still über sich ergehen und erzählt ihren Freundinnen später, wie sehr es sie angeödet hat. Sie wird ihrer Freundin zuhören, die ihren Kummer weiterverkauft, und scheinbar mit ihr fühlen,

indem sie sagt: »Oh, das ist ja furchtbar«, »Wie konnte sie nur so schlecht über dich reden«, »Du Ärmste, wie musst du gelitten haben«, »Wie konnte er dich nur so ungerecht behandeln« und ähnliche Äußerungen. Doch wenn sie gegangen ist, sagt sie gähnend: »Du meine Güte, würde die Jammerliese nur einmal versuchen, etwas Erheiterndes zu erzählen. Sie macht mich fertig mit ihren Geschichten über ihren Mann, ihre Verwandtschaft, ihre Freunde und alle möglichen anderen Leute.« Aber die Jammerliese erkennt diese Wirkung scheinbar nicht und setzt die Freundin auf die Liste derjenigen, die »sie ausnutzen«. Während sie weiterschimpft, wächst die Zahl ihrer erschöpften Zuhörerinnen, die allmählich die Geduld verlieren.

Betrachten wir nun, welchen Schaden die Frau selbst nimmt. Sie kennen die Wirkung der Autosuggestion, wenn wir uns auf bestimmte Gedanken konzentrieren, sowie den Effekt der Anziehung der Gedanken. Sie können unschwer erkennen, wie diese Frau es ständig immer schlimmer macht. Sie lebt in der festen Überzeugung, dass jeder etwas gegen sie hat, und hat eine negative Ausstrahlung, die all die unangenehmen Reaktionen in ihrem Umfeld hervorruft. Sie ist auf Probleme aus und natürlich bekommt sie sie. Haben Sie schon einmal erlebt, wie schnell ein Mann oder eine Frau, die nach Ärger Ausschau halten, ihn sich einhandeln? Ein Mann, der Streit sucht, wird ihn auch finden. Die Frau, die Verletzungen erwartet, wird sie bekommen, egal ob diese beabsichtigt waren oder nicht. Diese geistige Einstellung bringt in den Menschen, denen wir begegnen, die schlechtesten Seiten zum Vorschein. Der vorherrschende Gedanke zieht alle zu ihm passenden Gedanken in seiner Umgebung an. Jemand, der an seinem Lieblingsthema festhält – jeder wolle ihn verletzen, schlecht behandeln, verspotten, kränken und nur ausnutzen –, wird ziemlich sicher genügend Leute anziehen, die seine Fantasiegespinste bestätigen und seine Erwartungen erfüllen.

Zum Thema »Gedankenkraft« möchte ich Ihnen eine Geschichte von zwei Hunden erzählen. Der eine ist würdevoll und voller Selbstachtung. Kein Junge käme auf die Idee, ihn zu ärgern. Der andere erwartet, dass jeder vorbeilaufende Junge nach ihm tritt, und zieht seinen Schwanz ein. Tatsächlich löst er bei dem zufällig vorbeikommenden Jungen den Impuls aus, ihn zu treten. Natürlich wird ihm der Tritt versetzt. Natürlich darf der Junge das nicht tun, aber ein Durchschnittskind kann sich der starken Ausstrahlung des Hundes nicht entziehen. Erwachsene sind genauso gestrickt. Leute, die in der Überzeugung leben, die ein unfreundliches Verhalten einlädt, finden gewöhnlich immer jemanden, dem ihr Minderwertigkeitsgefühl als Blitzableiter gelegen kommt. Tatsächlich lösen oftmals solche Menschen verletzende Reaktionsweisen bei anderen aus, die sich ansonsten kaum so verletzend verhalten. Gleiches zieht in der Welt der Gedanken Gleiches an und in vielen Fällen ziehen wir genau das an, was wir befürchten.

Eine sehr bedauerliche Folge der »Kummer-Verkäuferin« ist die Wirkung auf ihren eigenen Geist und Charakter. Wenn wir begreifen, wie sich unser Charakter beständig formt und jeden Tag weiterentwickelt und unsere täglichen Gedanken das Material sind, aus dem unsere Charakterzüge gebildet werden, wird klar, warum es von größter Wichtigkeit ist, was wir denken. Gedanken gehen nicht verloren. Sie wirken nicht nur in alle Richtungen, beeinflussen andere Menschen und ziehen sie und Ereignisse an, sondern sie wirken sich auch auf unsere geistige Verfassung und unser Verhalten aus. Ein Denkmuster wird eine Menge bestimmter Gehirnzellen bilden und die Zellen, die vom entgegengesetzten Muster geprägt sind, können verkümmern und absterben. In dem Moment, wo wir unsere Gedanken darauf richten, dass wir ständig leidende Sterbliche sind, uns jeder schaden will, wir nicht geschätzt werden und diejenigen, die sich um uns kümmern sollten, nur darauf warten, uns verletzen zu können, wird unser Geist entsprechend beeinflusst und wir gewöhnen uns an, in jedem Menschen nur das Schlechteste zu sehen, und bringen es oftmals in ihm hervor, sogar wenn dies viel Mühe kostet.

Manche Menschen mit dieser Neigung finden scheinbar großes Vergnügen daran, sich den verletzenden Äußerungen und Kränkungen durch andere auszusetzen. Nun, das meine ich wirklich so. Ich habe Leute erlebt, die mit der Haltung »Ich bin ein nichtsnutziger Wurm, bitte tritt mich« auftreten und den gleichen Blick aufsetzen wie der Hund, der erwartet, getreten zu werden. Wenn an jemandem herumgenörgelt würde, weil er etwas gesagt oder getan hat, woran er normalerweise nicht gedacht hätte, würde das Gesicht der Kummertante ausdrücken: »Ich habe es dir ja gesagt«, »Immer trifft es mich Ärmste« und »Ich kann nichts anderes erwarten, alle wollen mich fertigmachen« und eine Auswahl anderer Gedanken dieser Art. Dann wird sie sich jammernd und weinend auf ihr Zimmer zurückziehen und sich an ihrem Unglück weiden, bis es so groß wie ein Gebirge ist. Bei der ersten Gelegenheit, die sich ergibt, wird sie zu einer Freundin in der Nachbarschaft laufen und ihre neu erworbenen Kümmernisse verbreiten und in ihren Lieblingsfarben schildern, da können Sie sicher sein. Die Freundin wird sich bemühen, nicht zu zeigen, wie sehr sie die Geschichte langweilt, die sie schon so oft gehört hat, aber sie wird ein paar nette Worte dazu sagen, bis die Jammerliese sicher ist, dass die ganze Welt mit ihr mitfühlt, und sie einen Anflug von Minderwertigkeit, Selbstmitleid und Märtyrertum verspürt! Leute wie sie machen sich, ihren Freunden, Verwandten und allen anderen Menschen, die in Kontakt mit ihnen kommen, das Leben schwer. Sie sind ständig damit beschäftigt, ihre Leidensvorräte frisch zu halten und verlockend anzubieten und mehr Energie in deren Verkauf zu stecken als ein normaler Mann oder eine normale Frau in ihre Arbeit.

In Familien ist es eine sehr nachteilige Angewohnheit, nach Schwierigkeiten Ausschau zu halten. Meiner Meinung nach kommt bei Familienstreitigkeiten in der Regel die Frau am schlechtesten weg. Durch ihre wirtschaftliche Abhängigkeit ist sie benachteiligt und erleidet oftmals schreckliche Dinge, anstatt offen über ihre Probleme zu sprechen. Doch ich muss darauf hinweisen, dass manche Frauen die schwierigen Umstände selbst herbeiführen. Ich habe einige von ihnen kennengelernt, die so in ihrem Denkmuster gefangen sind, dass sie nichts als Lieblosigkeit sehen, obwohl ihnen die größte Liebenswürdigkeit entgegengebracht wurde. Der Mann ist alles andere als ein Engel, aber das Verhalten mancher Frauen bringt all die Eigenschaften in ihm hervor, die nicht engelsgleich sind. Sie nehmen an, dass sie ausgenutzt werden, und halten an dieser Vorstellung fest. Jedes Wort, das der Mann sagt, wird ihm im Mund herumgedreht, bis es etwas ganz anderes bedeutet, als er gemeint hat. Die Geisteshaltung verursacht moralischen Astigmatismus, und die Dinge werden vom falschen Blickwinkel aus betrachtet. All die Kleinigkeiten, die passieren, überbringt die Ehefrau sofort einer Unheil stiftenden Nachbarin, die die Aufregung der Sensationsmeldung genießt, sie hinter ihrem Rücken auslacht und ihrerseits mit einer dritten Person über sie tratscht. So zieht die Ehefrau genau das an, was sonst gar nicht passieren würde. Sie weiß, dass ihre Nachbarin auf die Nachrichten des Tages wartet, und verzerrt die Ereignisse unbewusst so, dass sie die daraus entstehenden Sensationsmeldungen rechtfertigen. Ist Ihnen schon einmal aufgefallen, dass eine Frau, die ihre Probleme für sich behält, nicht annähernd so viel Zank und Streit in der Familie erlebt wie die Kummerverkäuferin?

Verkaufen Sie Ihren Kummer nicht weiter. Behalten Sie ihn für sich und er wird verschwinden. Wenn Sie ihn hingegen ausbreiten, wird er wachsen wie Unkraut. Sie machen sich das Leben selbst

schwerer und ziehen die falschen Ereignisse an. Mit diesem schlechten Geschäft des Kummerverkaufs verderben Sie Ihren Geist, Ihre Laune und ihren Charakter.

23 | Leben

In jedem von uns schlummert ein Teil, der sich ausdrücken will – Etwas in unserem Inneren – Die Lebenspflanze – Es nützt nichts, sie zu unterdrücken, denn sie muss sich entwickeln – Das Leben hat einen Sinn – Wachstum, Entwicklung und Entfaltung – Die Lektion des Lebens

In jedem von uns schlummert ein Teil, der nach bestmöglichem Ausdruck und höchstmöglichem Wachstum strebt, wobei er bei seiner fortschreitenden Entwicklung und Entfaltung Schicht für Schicht ablegt – angetrieben vom Impuls des Urlebensfunkens und angezogen vom Absoluten.

Wenn wir den inneren Wachstumsimpuls nicht verstehen und uns von seinem ständigen Druck befreien wollen, betrachten wir diesen Teil von uns wie einen Eindringling. Statt zuzulassen, dass er sich auf natürliche Weise entwickelt und wächst, bemühen wir uns, ihn zu vernichten oder sein Wachstum nach unseren kleinlichen Vorstellungen zu steuern. Wir können nicht erkennen, dass dieses Etwas einer Pflanze gleicht, die beständig wächst und sich sicher vom Samen bis zur Blüte entwickelt, bis sein ganzes Potenzial vollständig zum Ausdruck gebracht worden ist. Wir begreifen nicht, das sich diese Lebenspflanze wie die Lilie frei und ungehindert entwickeln und ein Blatt nach dem anderen entfalten muss, bis die Pflanze in ihrer ganzen Pracht steht, gekrönt von ihrer göttlichen Blüte.

Wir würden die Pflanze gerne zu irgendeiner Traumform heranziehen, sie auf Zwergwuchs züchten wie die Chinesen die Eiche, damit sie ein hübscher Wohnzimmerschmuck wird und kein edler Monarch des Waldes. Wir hätten gerne, dass sie nach unseren Vorlieben wächst und nicht ihrem Lebensgesetz folgt. Wir meinen, wir wüssten, was am besten für sie ist, und verlieren die Tatsache aus den Augen, dass tief in den unterbewussten Tiefen ihres Seins die Kraft verborgen liegt, die immer nach dem Guten strebt, und vergessen, dass die unwiderstehliche Anziehung zum Absoluten sie stetig in die richtige Richtung lenkt. Wir übersehen, dass die Pflanze diesen Impulsen folgen wird, solange noch ein Lebensfunken in ihr ist. Der Samen in der Erde wird sich in einem kleinen Schössling entfalten und auf seinem Weg zum Sonnenlicht durch Schichten dringen, die tausendmal mehr wiegen als er selbst. Der Schössling mag zwar noch auf den Erdboden begrenzt sein, aber seine Triebe wachsen ihrem Lebensplan folgend instinktiv nach oben. Schränken Sie das Wachstum der Pflanze ein, falls es Ihnen gelingt, doch sie wird trotzdem den Weg des geringsten Widerstands nehmen und der Sonne entgegenwachsen – trotz Ihrer Anstrengungen.

Das Gleiche gilt für die Lebenspflanze als einem Teil in uns. Wir haben Angst, sie ihren Lebensgesetzen entsprechend wachsen zu lassen, und möchten sie lieber nach unseren eigenen und den Vorstellungen anderer gestalten (meist Letzteres, da die meisten unserer Ansichten über dieses Thema geborgt sind). Wir meinen offenbar, die Intelligenz, die den Lebensplan der Pflanze erdacht hat, habe nichts davon verstanden, und wir fürchten, ohne Unterstützung von unserem mächtigen Intellekt würde das arme Ding verunstaltet oder hässlich werden. Wir würden die von ihrem Schöpfer vorgesehene Gestalt gerne verändern und sie den gängigen Modetrends anpassen. Wir würden die Schönheit und Symmetrie der Natur gerne durch unsere Traumvorstellungen ersetzen.

Aber wie auch die Pflanze wird sich der Teil in unserem Inneren

nicht den Einschränkungen unterwerfen und sich an die falschen Maßstäbe anpassen, die wir für ihn aufstellen. Er wird sich so lange unterwerfen, solange er nicht anders kann, doch täglich speichert er mehr Kraftreserven und erhält den Impuls in die gewünschte Richtung aufrecht. Eines Tages wirft er mit einer letzten Kraftanstrengung die behindernden Fesseln ab und wächst seinem Lebensplan gehorchend der Sonne entgegen.

Leben bedeutet Wachstum. Es bringt uns voran und treibt uns auf dem Weg des geringsten Widerstands hierhin und dorthin. Es zieht all das an, was es für seinen vollständigen Ausdruck und sein Wachstum braucht, indem es einmal ein Hilfsmittel benutzt, um es am nächsten Tag wieder wegzuwerfen, wenn es seinen Zweck erfüllt hat und nachdem es seine hilfreichen Einflüsse genutzt hat. Während seines Wachstums nimmt es verschiedene Formen an und legt eine Schicht nach der anderen ab, wenn es aus ihr herausgewachsen ist. Jeder Versuch, es zu zwingen, eine Schicht zu behalten, die zu eng geworden ist, wird eine Rebellion seines Lebenstriebs auslösen. Schließlich wird es mit äußerster Kraft ausbrechen und die beengende Hülle in Stücke reißen. Dieser Teil in uns kann vorübergehend eingeschränkt werden, aber sein Wachstum ist so sicher wie der morgige Sonnenaufgang. Der Versuch der Einengung führt am Ende nur zu einer heftigen Behauptung seines Rechts, sich gemäß dem Gesetz zu entfalten und zu entwickeln.

Wenn wir schließlich erkennen, dass das Leben einen Sinn hat, wir aus einem bestimmten Grund hier sind, die spirituelle Entwicklung in uns und durch uns zum Ausdruck gebracht wird, unser Wachstum sich nach dem Gesetz vollzieht und das Absolute sein Geschäft versteht, werden wir aufhören, uns in den großen Plan einmischen zu wollen. Wir werden uns nicht mehr vergeblich bemühen, das Leben, das dazu bestimmt ist, nach dem Entwurf der Natur zu einer wunderschönen Gestalt heranzuwachsen, nach

unseren absurden und eigenmächtigen Plänen umzuformen. Wir werden uns bewusst, dass die Kraft, die unser Leben hervorgebracht hat, wusste, was sie tut, und diesem Leben die Energie gegeben hat, die sich in unterschiedlichen Farben und Formen ausdrückt, aber nur ein einziges Ziel hat, nämlich das Wachstum zum Sonnenlicht. Wenn wir diese Wahrheit erkennen, werden wir Vertrauen entwickeln und dem Gesetz vertrauen, dass es das tut, was am besten ist. Wir werden begreifen, wie dumm es ist zu glauben, das Gewicht des Universums laste auf unseren Schultern. Eines Tages werden wir die Erkenntnis erlangen, dass wir so verblendet sind wie die Fliege auf dem Riesenrad, die glaubt, ihr Flügelschlag treibe das Rad an. Manchmal hält die Fliege inne, um sich einen Moment lang auszuruhen. Dann stellt sie vielleicht fest, dass sich das Rad auch ohne ihre Unterstützung immer weiter dreht. Wir haben unser kleines Selbst tatsächlich ziemlich ernst genommen. Der Teil in uns bewegt sich beständig und sicher auf sein Ziel zu. Viel Leid im Leben entsteht dadurch, dass wir uns bemühen, ihn und seine Bewegung, Ausrichtung und Geschwindigkeit zu beschränken. Die Mitwirkung derjenigen, die ihn verstanden haben und sich auf ihn einstimmen, kann eine große Hilfe sein. Aber wehe denen, die sich ihm in den Weg stellen und seine Entwicklung behindern wollen. Wenn er nicht eingeschränkt wird, entsteht auch keine Spannung. Wenn er hingegen behindert wird, werden Konflikte heraufbeschworen und das bedeutet Leid.

Mit diesem Leid gibt uns das Gesetz einen Hinweis, welche Wirkung wir hervorrufen, wenn wir das Wachstum der Lebenspflanze stören. Wenn wir klug sind, werden wir seine Warnung beachten. Wenn wir uns dem Wachstum überlassen, werden wir entdecken, dass wir kaum oder keine Spannung mehr verspüren und das Leben neue Annehmlichkeiten für uns bereithält. Wenn wir mit dem Gesetz zusammenarbeiten und uns in Einklang mit ihm bringen,

wird uns ganz unerwartet alles zufliegen. Das Gesetz ist ein guter Freund und Helfer. Wenn wir nur darauf vertrauen, dass es gut und richtig handelt, wird es uns von größtem Nutzen sein. Wir können den Kraftzuwachs, den es uns schenkt, wenn wir ihm vertrauen und uns ihm überlassen, bei unseren täglichen Pflichten nutzen. Doch beim ersten Anzeichen von Spannung sollten wir achtsam werden und erkennen, dass wir unser natürliches Wachstum behindern. Wenn wir in Einklang mit dem Gesetz leben, anstatt ihm zuwiderhandeln zu wollen, werden wir erfahren, dass wir an Orte, zu Menschen und Aufgaben geführt werden, die für unsere Entwicklung am besten geeignet sind und uns die Erfahrung zuteilwerden lassen, die notwendig ist, um unsere Lebenserfahrung zu vergrößern. Diese Erkenntnis hat diejenigen, die diese Erfahrung gemacht haben, zu dem Ausspruch »Nichts geschieht zufällig« veranlasst. Wir finden die Lehrer und Helfer, die wir brauchen, und sie finden uns. Wenn wir eine bestimmte Information benötigen, werden wir sie von jemandem bekommen oder in einem Buch entdecken und so auf die Spur des Gesuchten gebracht.

Das Gesetz wird seine Ziele manchmal auf eine Art und Weise erreichen, die sich von unseren Vorstellungen davon unterscheidet, was das Beste wäre. Aber mit der Zeit können wir zurückblicken und werden erkennen, dass die Ziele auf die bestmögliche Weise erreicht worden sind. Vielleicht erleben wir manch bittere Enttäuschung, Verluste und Sorgen, aber schließlich werden wir erkennen, dass sie gut und notwendig für uns waren, damit wir die erforderliche Erfahrung machen konnten, um unser Wesen zu vervollständigen und Verständnis zu erlangen. Kein Mensch würde freiwillig eine Erfahrung machen, die er aus den schmerzvollsten Ereignissen in seinem Leben bezieht. Nach ungefähr zehn Jahren wäre jedoch keiner mehr bereit, sich die Erinnerung an seinen größten Schmerz nehmen zu lassen, wenn ihm gleichzeitig die Erfahrung und das Wissen zuteilgeworden ist, das aus diesem Leid entstanden ist. Der Schmerz und seine Auswirkungen sind ein Teil von uns geworden, den wir uns nicht mehr wegnehmen lassen wollen.

Rückblickend werden wir verstehen, dass wir eben diese Sorgen, Enttäuschungen und Verluste im Zusammenhang mit ihrem letztendlichen Vorteil betrachtet hätten, wenn wir in der Vergangenheit in Einklang mit dem Gesetz gelebt und seine Vorgehensweise verstanden hätten. Dadurch hätten wir dem Schmerz den Stachel genommen. Wenn wir lernen, den Kummer von heute so zu betrachten wie das Leid von vor zehn Jahren, ahnen wir vielleicht, dass wir die Funktion des Gesetzes zu unserem Guten allmählich verstehen. Erst wenn wir diese Stufe erreicht haben, werden wir uns bewusst, dass der Schmerz nichts anderes als eine Ausdrucksform des Guten ist. Wenn wir keine Spannungen mehr verursachen, haben wir auch keine mehr.

Die Lektionen des Lebens müssen früher oder später gelernt werden. Es liegt an uns, ob sie uns trotz unseres Widerstands äußerst schmerzhaft aufgezwungen werden oder ob wir sie verständnisvoll und weise annehmen. Ersteres führt zu dem Schmerz, den wir durch den Widerstand gegen das Gesetz erleiden. Letzteres erteilt uns die Lektion ebenso gut, doch schmerzlos. In jedem Fall muss die Lektion gut gelernt werden. Suchen Sie sich Ihre Methode aus.

Doch möchte ich nicht so verstanden werden, dass wir nur die Hände in den Schoß legen und abwarten sollten, bis uns das Gesetz alle Erfolge schenkt, ohne dass wir uns bemühen müssten. Versuchen Sie es dennoch auf diese Weise, wenn Sie möchten. Dann werden Sie merken, wie schnell Ihnen das Gesetz auf die Finger haut, um Sie daran zu erinnern, dass Ihnen eine Aufgabe gestellt wurde. Die richtige Reaktion besteht darin, die Aufgabe, die unmittelbar vor Ihnen liegt, anzunehmen (es ist immer eine

da) und sie gut zu meistern in dem Bewusstsein, dass sie in Einklang mit dem Gesetz dort aufgetaucht ist. Wenn Ihnen die Aufgabe nicht gefällt, werden Sie erfahren, dass genau das der Grund dafür ist, warum sie Ihnen gestellt wurde – Sie haben eine Lektion daraus zu lernen. Wenn die Zeit für eine Veränderung reif ist, werden Sie spüren, wie in Ihnen der starke Wunsch nach etwas anderem auftaucht. Das ist Ihre Chance. Vertrauen Sie dem Gesetz, das Ihnen dabei helfen wird, sich den Wunsch zu erfüllen. Er stimmt mit dem Gesetz überein, und sein bloßes Vorhandensein ist ein Versprechen auf Erfüllung. Mithilfe des Gesetzes werden Sie sich Ihren Wunsch erarbeiten. Mag sein, dass das erzielte Ergebnis vielleicht nicht gerade das ist, was Sie sich vorgestellt hatten. Vielleicht entspricht es Ihrer Wunschvorstellung ganz und gar nicht. Was soll's? Sie haben die notwendige Lektion gelernt, sind dem Wunsch nachgekommen und jetzt werden Sie über ihn hinauswachsen. Etwas anderes wird an seine Stelle treten. Sie werden überrascht sein, wie es das Gesetz angestellt hat, Ihren Wunsch zu erfüllen. Daraus werden Sie noch eine weitere Lektion lernen. Wenn Sie imstande sind, frohgemut mitzuwirken, Ihr Bestes zu geben, Ihren täglichen Pflichten nachzukommen; voller Vertrauen, Zuversicht und furchtlos die Geschehnisse eines jeden Tages als höchstes Gutes anzunehmen; zu erkennen und zu spüren, dass das Gesetz des Guten seine ganze Wirksamkeit entfaltet; und wenn Sie bereit sind, alles zu akzeptieren, was es Ihnen bringt, dann – und erst dann, mein lieber Freund – werden Sie allmählich verstehen, was Leben ist.

24| Lasst uns vertrauen

Vertrauen ist bei jedem Vorhaben des Menschen notwendig – Sie vertrauen dem Menschen, aber Sie haben Angst, Gott Vertrauen zu schenken – Das Universum wird vom göttlichen Gesetz regiert – Das Gesetz funktioniert überall – Haben Sie keine Angst – Sie sind ein Teil des Plans – Lassen Sie sich auf das göttliche Gesetz ein – Haben Sie Vertrauen

Wenn Sie mit dem Zug reisen, besteigen Sie den Waggon, setzen sich hin, nehmen ein Buch zur Hand und lesen. Sie verschwenden keinen Gedanken an die Maschine oder den Lokführer. Mit achtzig Stundenkilometern rasen Sie durch das Land und denken kein einziges Mal an eine mögliche Katastrophe oder einen Unfall und vergessen währenddessen völlig, dass eine Person wie der Lokführer vorhanden ist. Sie haben absolutes Vertrauen in die sorgfältige Führung des Zugs und in die Intelligenz des Mannes, der die Maschine bedient. Ihr Leben und das Leben von Hunderten Mitreisenden liegen praktisch in der Hand eines einzigen Mannes, der Ihnen noch dazu fremd ist. Sie haben ihn noch nie gesehen und wissen nichts über seine Qualifikationen, außer dass ihn die Leitung der Eisenbahngesellschaft ausgesucht hat, damit er Sie sicher ans Ziel bringt.

Sie fahren mit einem Dampfer nach Europa und begeben sich in die Hände von ein paar Menschen, die Ihnen völlig fremd sind. Sie setzen Ihr Leben für deren Können, Urteilsvermögen und Intelligenz ein. Sie spüren, dass sie nicht da wären, wo sie sind, wenn die

Direktion des Schifffahrtunternehmens sie nicht für kompetent halten würde. Alles ist eine Sache des Vertrauens – und der Zuversicht. Das Gleiche gilt, wenn Sie sich in eine Straßenbahn, eine Hochbahn, eine Postkutsche oder eine Privatkarosse setzen. In jedem Fall begeben Sie sich in die Obhut eines anderen Menschen, dem Sie ein gewisses Maß an Vertrauen entgegenbringen, obwohl er Ihnen kaum oder gar nicht bekannt ist. Sie deponieren Ihr Vermögen auf einer Bank und haben Vertrauen in deren Geschäftsführung. Sie machen Geschäfte mit Männern, die Sie kaum kennen, und vertrauen auf deren ehrliche Absichten. Bei jeder Unternehmung im Leben sind Sie gezwungen, sich auf andere Menschen einzulassen. Ihren Rechtsanwalt, Ihren Arzt, Ihren Lebensmittelhändler und Ihren Angestellten haben Sie aufgrund Ihres Vertrauens ausgesucht. Dieses ist unerlässlich. Wenn das Vertrauen verloren ginge, würden die Räder des modernen Lebens innerhalb von einer Minute zum Stillstand kommen. Der sogenannte nüchtern und praktisch Veranlagte mag das Vertrauen belächeln, aber es bildet das Fundament jeder Manifestation des Lebens in unserer Zivilisation. Der Mensch hat Vertrauen und Zuversicht in den Menschen, aber er hat Angst, Gott zu vertrauen. Er hält nach ihm Ausschau und sieht Millionen von Galaxien. Jede davon befindet sich an dem ihr bestimmten Ort und kreist auf ihrer eigenen Umlaufbahn. Er vertraut darauf, das jede Galaxie zu einem bestimmten Zeitpunkt eine bestimmte Stelle erreichen wird, deren Position schon Jahrhunderte vorher berechnet werden kann, aber es mangelt ihm an Vertrauen in die Kraft, die diese Universen geschaffen hat und sie an ihrem Platz erhält. Er hat Vertrauen in bestimmte Gesetze, aber er zweifelt an der Existenz des Gesetzgebers. Er sieht die wunderbare Manifestation des Lebens im Großen und im Kleinen. Er nutzt das Teleskop und das Mikroskop und erforscht Neuland. Dabei stellt er fest, dass das Gesetz überall wirkt, aber er zweifelt, ob es ein hö-

heres Gesetz gibt, das sein Leben, seine Einnahmen und Ausgaben, seine großen Leistungen und kleinen Fehler steuert. Er kann die Wahrheit nicht erkennen, dass die Haare auf seinem Kopf abgezählt sind und kein Spatz unbemerkt auf die Erde stürzt.

Scheinbar meint er, wenn es einen Gott gäbe, habe dieser die Welt erschaffen, habe sich dann aus dem Staub gemacht und sie sich selbst überlassen. Er kann nicht verstehen, dass das Gesetz ebenso das Leben des Menschen lenken muss wie die Entfaltung des Blattes und die Entwicklung der Lilie. Er kann nicht erkennen, dass das Gesetz in ihm ebenso wie außerhalb von ihm funktioniert. Er kann nicht begreifen, dass die einzig wahre Philosophie diejenige ist, die ihn lehrt, in Einklang mit der Wirkungsweise des Gesetzes zu leben und es in seinem Inneren und durch ihn wirken zu lassen.

Glauben Sie etwa, Gott weiß nicht, was er tut? Zweifeln Sie an der höchsten Intelligenz, die alles weiß und sich aller Dinge bewusst ist? Haben Sie Zweifel an der höchsten Kraft, die sich in allen Ausdrucksformen von schöpferischer Kraft manifestiert? Zweifeln Sie an der universellen göttlichen Präsenz an allen Orten und zu allen Zeiten? Gehen Sie davon aus, dass die Schöpfung alles und der Schöpfer nichts ist? Sie Ärmster!

Entweder folgt das Universum keinem Gesetz, hat keinen Sinn und keine Bedeutung, oder es ist eine Schöpfung der höchsten und unendlichen Ursache. Entweder ist es das Werk eines Teufels, der irgendwo hockt und sich hämisch und voller Schadenfreude über unsere Missgeschicke freut – unsere Probleme, Schwierigkeiten, Fehler und unser Leid – oder es ist das Werk einer allwissenden, allmächtigen, allgegenwärtigen intelligenten Kraft, die alles im Universum bis ins kleinste Detail bedacht hat. Falls Letzteres stimmt, geschieht alles zwangsläufig in Einklang mit dem Gesetz. Alles, was wir erleben, ist folglich das Beste, das uns zu einem bestimmten Zeitpunkt und an einem bestimmten Ort passieren könnte.

Dinge geschehen nicht rein zufällig – alles unterliegt einem Gesetz. Alles steht in irgendeiner Verbindung mit allem anderen. Jeder Mensch ist mit jedem anderen verbunden. Alles ist eins. Obwohl sie in unterschiedlichen Manifestationen existiert, gibt es doch nur die Wirklichkeit des Einsseins. In allen Lebensformen verbirgt sich ein höherer Plan und das Leben selbst vollzieht sich in Einklang mit diesem Entwurf. Nichts geschieht jemals zufällig. Jede Erscheinung hat eine Auswirkung auf jede andere Erscheinungsform. Zufall ist in diesem Plan nicht vorgesehen. Alles passiert in Übereinstimmung mit wohldurchdachten Gesetzen. Der Sinn eines jeden Gedankens, Wortes oder jeder Handlung ist immer in Sichtweite. Es ist vorgesehen, dass wir beständig dem Wohl des Ganzen dienen. Es gibt keinen Ausweg, und wenn wir uns all dessen erst einmal bewusst geworden sind, wollen wir auch nicht mehr davonlaufen. Wer das Gesetz nicht versteht, erfährt Leid, denn er kämpft und wehrt sich ständig dagegen und erzeugt Spannungen. Wer etwas vom Gesetz versteht, hört auf, sich dagegen aufzulehnen. Er lässt es durch sich wirken und wird von einer mächtigen Kraft getragen. Er gibt jeden Tag sein Bestes und verwirklicht sich so gut wie möglich, segelt einmal nach rechts, dann wieder nach links, im Wind oder gegen den Wind, aber er wird dennoch immer von dem mächtigen Strom getragen und leistet ihm keinen Widerstand. Er genießt jede Meile seiner Reise, entdeckt neue Sehenswürdigkeiten und Klänge und geht seinen Weg. Wer das Gesetz nicht versteht, widersetzt sich, von der Strömung fortgetragen zu werden. Er möchte bleiben, wo er ist, aber so etwas wie eine dauerhafte Bleibe gibt es nicht. Das Leben ist Bewegung, das Leben ist Wachstum. Falls Sie es vorziehen, gegen die Strömung anzuschwimmen oder stromaufwärts zu rudern, tun Sie es ruhig. Nach einer Weile werden Sie müde und erschöpft sein und sich auf Ihren Lorbeeren ausruhen. Dann werden Sie entdecken, dass Sie trotzdem zu unbe-

kannten Meeren treiben und es viel leichter ist, mit der Strömung zu rudern oder zu segeln oder von einem Flussufer ans andere zu gelangen als zu versuchen, an der gleichen Stelle zu bleiben oder den Strom anzuhalten.

All diese Streitigkeiten, Sorgen, Dispute und Konflikte werden durch den Mangel an Vertrauen verursacht. Wir mögen zwar beteuern, dass wir wissen, dass alles gut ist und das Beste für uns usw., aber haben wir auch genug Vertrauen, um es in unserem Leben zu manifestieren? Seht doch nur, wie wir uns bemühen, an Dingen, Menschen und Umfeldern festzuhalten. Wie wir uns dem ständigen Druck widersetzen, der uns oftmals auf schmerzliche Weise von Orten lösen will, an denen wir wie eine Klette hängen, weil wir dort bleiben wollen. Die Lebenskraft steht hinter uns und drängt uns vorwärts, treibt uns an und wir müssen uns in Bewegung setzen. Der Prozess des Wachstums, der Entwicklung und Entfaltung ist ständig in Gang. Was nützt es also, sich ihm widersetzen zu wollen? Sie sind nichts anderes als ein Wasserläufer auf dem Fluss. Sie laufen einmal hierhin, dann wieder dorthin und scheinbar gelingen Ihnen diese Bewegungen unabhängig von der Strömung, aber Sie laufen die ganze Zeit in ihrer Richtung. Die Wasserläufer-Idee ist an sich gut, solange wir nicht versuchen, die Strömung anzuhalten oder gegen sie anzuschwimmen. Sollten wir dies versuchen, entdecken wir sehr schnell, dass der Strom ein Wörtchen mitzureden hat, und ehe wir uns versehen, sind wir so erschöpft, dass wir uns dem Gesetz überlassen, das auch den Strom steuert. Doch sogar der Widerstand ist gut, denn er lehrt uns, dass die Strömung vorhanden ist, und wir gewinnen durch diese Erfahrung etwas hinzu. Das Neue Denken lehrt die Menschen nicht, sich gegen den Strom zu stemmen oder stromaufwärts zu schwimmen, obwohl manche Lehrer und Schüler dieser Meinung zu sein scheinen. Im Gegenteil, das wahre Neue Denken lehrt uns etwas über die Existenz des

Stroms und seine beständige Fortbewegung zum Meer des Guten. Es lehrt uns, uns ihm zu überlassen und uns von ihm weitertragen zu lassen, anstatt wie eine Klette an etwas festhalten zu wollen oder zu versuchen, den Strom zurückzudrängen. Es lehrt uns auch, im Jetzt zu leben und es zu genießen, in alle Himmelsrichtungen über das Wasser zu laufen. Es erklärt uns auch, in welche Richtung der Strom fließt und wie wir uns mit ihm bewegen können, ohne unsere Energien zu verschwenden, indem wir seine Richtung ändern wollen. Es lehrt uns die Zusammenarbeit mit dem Gesetz anstatt den Widerstand dagegen.

Warum haben wir kein Vertrauen? Warum sehen wir den großen Plan hinter allem nicht? Warum erkennen wir das Gesetz nicht? Wie wir gesehen haben, schenken wir dem Lokführer, dem Piloten, dem Kapitän, dem Busfahrer und anderen Fahrzeugführern unser Vertrauen, doch wir zögern, uns in die Obhut des Unendlichen zu begeben. Natürlich macht es für das Unendliche keinen Unterschied, ob wir Vertrauen in es setzen oder nicht. Es bewegt sich mit der gleichen Geschwindigkeit weiter, die uns lenkt und führt, steuert und kontrolliert. Unsere Zweifel und Widerstände kümmern es nicht mehr als das Riesenrad die brummende Fliege, die auf ihm sitzt und es mit ihrem Flügelschlag zum Stillstand bringen will, weil sie die Fortbewegung nicht mag. Das Riesenrad des Universums dreht sich beständig und kraftvoll weiter. Drehen wir uns doch mit! Während wir dies tun, sollten wir uns den dummen Aufwand sparen, es anhalten zu wollen wie die brummende, mit den Flügeln schlagende Fliege.

Legen wir unsere Furcht und Sorge ab. Bilden wir uns nicht länger ein, wir könnten das Universum besser lenken als der Steuermann, der seine Hand am Gashebel hat. Geben wir die Vorstellung auf, Gott bräuchte in der Angelegenheit unseren Rat. Sparen wir uns dumme Gedanken wie »Du armer Gott, keiner hilft dir bei deiner Arbeit«. Vertrauen wir dem Steuermann. Lasst uns vertrauen. Lasst uns vertrauen.

25 | Packen Sie es jetzt an

Erledigen Sie die Aufgaben von heute jetzt gleich – Versuchen Sie nicht, die Arbeit von morgen heute zu erledigen, aber stellen Sie sicher, dass Sie die Arbeit von heute jetzt anpacken – Die schädlichen Wirkungen des Aufschiebens – Es ist Ihnen gegenüber nicht fair – Entmutigung als Folge des Aufschiebens – Die Welt braucht Menschen, die die Dinge jetzt gleich anpacken können

Falls Sie etwas zu tun haben, packen Sie es an. Wenn Sie heute eine Aufgabe erledigen müssen, tun Sie es jetzt. Wenn diese Sache heute nicht erledigt werden kann, kümmern Sie sich nicht darum und machen sich an die Erledigung der anderen Pflichten von heute. Doch verfallen Sie nicht in die schlechte Angewohnheit, die Dinge auf eine spätere Tageszeit zu verschieben oder auf einen anderen Zeitpunkt in der Woche, sondern packen Sie sie jetzt an. Das alte Sprichwort »Was du heute kannst besorgen, das verschiebe nicht auf morgen« stimmt, aber es geht dabei um mehr als nur um gestohlene Zeit. Das Aufschieben kostet nicht nur Zeit, sondern es raubt auch Energie, Effizienz und Erfolg.

Wir haben bereits viel über das Leben im Jetzt gesprochen, darüber, sich nicht an die Vergangenheit zu klammern oder sich über die Zukunft zu sorgen. All das ist wahr. Im Laufe des Jahres werde ich dies wahrscheinlich viele Male wiederholen, weil ich daran glaube und mir wünsche, dass Sie sich mit dieser Vorstellung vertraut machen. Aber im Jetzt zu leben bedeutet nicht nur, die Gedanken von heute zu denken, die Pflichten von heute zu übernehmen oder sich mit den Problemen von heute auseinanderzusetzen. Es bedeutet auch, die Arbeit von heute zu erledigen.

Wie Sie genau wissen, besteht die größte Dummheit darin, die Last des vergangenen Jahres oder die der kommenden Woche heute tragen zu wollen. Aber es ist ebenso unsinnig, die Arbeit von heute auf morgen zu verschieben. So geht man nicht mit dem morgigen Tag um und gibt ihm keine Chance. Das Selbst von morgen ist nicht genau dasselbe wie das Selbst von heute. Das bedeutet, es ist ein wenig gewachsen. Es ist das Selbst von heute plus der zusätzlichen Erfahrung, die es an diesem Tag gewonnen hat. Es ist ebenso egoistisch von dem Selbst von heute, dem Selbst von morgen seine Pflichten aufzuladen, als wenn Sie sie Ihrem Bruder oder Ihrer Schwester aufbürden würden. Es ist nicht nur egoistisch, sondern auch schädlich für Sie, denn es beeinträchtigt Ihr Wachstum. Die heutige Aufgabe wurde Ihnen aufgrund der Lektion gestellt, die sie beinhaltet. Wenn Sie sich weigern, sie anzunehmen, sind Sie der Verlierer. Sie können nicht vor der Aufgabe weglaufen. Sie wird Ihnen immer wieder gestellt werden, bis sie erfüllt ist, und daher könnten Sie sie genauso gut jetzt gleich erledigen und Ihre Lektion zum richtigen Zeitpunkt lernen, anstatt wie ein Schuljunge seine Aufgaben nachholen zu müssen. Indem Sie Dinge auf morgen verschieben, häufen Sie mehr Schwierigkeiten für den morgigen Tag an, denn die morgige Arbeit will genauso getan werden wie die verschobenen Aufgaben. Sehr wahrscheinlich werden beide nicht gut erledigt werden. Die Angewohnheit des Verschiebens macht überhaupt keinen Sinn. Sie ist die größte Dummheit. Das Aufschieben wirkt sich nicht nur unmittelbar schädlich auf uns aus. Eine der größten Nachteile dieser Angewohnheit ist die entmutigende Wirkung, die sie auf die gesamte Geisteshaltung des Betreffenden hat. Sie fördert Faulheit, Unentschlossenheit, Trägheit,

Nachlässigkeit und viele andere unerwünschte Denk- und Verhaltensmuster. Sie bildet sich in vielerlei Hinsicht im Charakter des Menschen ab, der sich darin verstrickt hat. Sie beeinträchtigt seine Wirksamkeit und mindert seinen Wert.

Ich wiederhole noch einmal, dass Sie wirklich ungerecht gegenüber sich selbst sind, wenn Sie Dinge verschieben. Sie haben niemals Zeit für sich, wenn einige alte Angelegenheiten Ihre Aufmerksamkeit erfordern. Wer etwas verschiebt, kann niemals Zeit für seine geistige Weiterentwicklung erübrigen, weil er immer noch ein paar offene Probleme lösen und in Ordnung bringen muss. Er verliert dabei vollkommen das Gefühl für den Wert der Zeit und dafür, wie man aus jeder Stunde und jeder Minute das Beste macht. Das Verschieben ist die reinste Plackerei. Wer verschiebt, steckt ständig in der Tretmühle. Er hat niemals Zeit für sich selbst. Der arme Kerl ist ein Sklave seiner Angewohnheit, »die Dinge beiseite zu legen«.

Ich bin überzeugt, dass die Hälfte, ja sogar drei Viertel aller Fehler im Leben darauf zurückzuführen sind, dass die betreffenden Menschen ihre Aufgaben nicht gleich erledigen können. Nicht nur weil sie durch diese Angewohnheit unmittelbar beeinträchtigt werden, sondern auch weil sie sich negativ auf ihren Charakter auswirkt. Die Trägheit der Gedanken manifestiert sich auch im Verhalten. Gedanken- und Verhaltensmuster, an denen man lange festhält, führen zu einer Entmutigung des ganzen Charakters des Menschen. Bald weiß er nicht mehr, wie er die Aufgaben richtig erfüllen kann. Deshalb versagen so viele Leute. Die Welt braucht aber Menschen, die etwas machen und es jetzt anpacken können.

Wenn Sie zu denjenigen gehören, die lieber etwas vor sich herschieben, fangen Sie sofort damit an, diese schlechte Angewohnheit zu überwinden. Legen Sie sich einen Notizzettel auf Ihren Schreibtisch, neben Ihre Nähmaschine, auf Ihre Werkbank oder

an irgendeinen anderen Arbeitsplatz, an dem Sie die meiste Zeit verbringen, auf dem in fetter schwarzer Schrift steht: »Erledige es jetzt gleich!« Wenn Sie den Gedanken, Dinge gleich zu erledigen, ausdrücken und ihn so oft wie möglich in die Tat umsetzen, werden Sie feststellen, dass sich in Kürze Ihre ganze Einstellung zur Arbeit verändert hat und Sie Ihre Pflichten dann erledigen, wenn sie anstehen, ohne sich besonders anstrengen zu müssen. Der Geist kann darin geübt und dazu erzogen werden, die Dinge richtig zu machen. Sie brauchen ein klein wenig Mut, Ausdauer und Willenskraft, aber das Ergebnis wird Sie für Ihre Mühe entlohnen. Fangen Sie an, sich von dieser schlechten Gewohnheit zu heilen. Beginnen Sie sofort damit. Packen Sie es jetzt gleich an.

26| Stellen Sie sich auf die richtige Wellenlänge ein

Marconis drahtlose Botschaften – Schwingungen erreichen nur die Geräte, die auf den Sender eingestellt sind – Das gleiche Gesetz gilt auf der geistigen Ebene – Es geht um die richtige Wellenlänge – Stellen Sie sich auf die richtigen Schwingungen ein – Empfangen Sie Botschaften von den besten Sendern

---

Ich habe gerade einen Bericht über Marconis drahtlose Telegrafie gelesen. Scheinbar verbreiten sich die Schwingungen überallhin, wenn Marconis Übermittler sie sendet – nicht nur in Richtung des Empfängers, an den die Nachricht geschickt wird. Zuerst könnte es beim Leser den Eindruck erwecken, dass jedes Funkgerät – egal in welcher Richtung es steht, vom Sender aus betrachtet – durch die Schwingungen beeinflusst werden könnte und sie empfangen und aufzeichnen würde. Aber dies ist nicht der Fall, denn Marconi entdeckte, dass er seinen Empfänger auf eine bestimmte Frequenz einstellen kann, sodass das Gerät nur die Schwingungen empfangen und aufzeichnen wird, die von einem Sender übermittelt werden, der auf die gleiche Wellenlänge eingestellt ist. Dies gilt, egal wie nah oder in welcher Richtung die Apparate stehen. Alle Geräte, egal wie viele es sind, die sich innerhalb einer gewissen Reichweite befinden, werden die Nachricht empfangen, vorausgesetzt sie sind auf die gleiche Wellenlänge eingestellt.

Fällt Ihnen auf, wie sehr diese Gesetzmäßigkeit mit der Funktionsweise der Gedankenkraft übereinstimmt? Menschen, deren Geist auf eine bestimmte Wellenlänge eingestellt ist, werden Schwingungen von anderen empfangen, deren Geist auf der gleichen Wellenlänge funkt. Wenn jemand eine hohe positive Grundschwingung aufrechterhält, wird er von negativen Gedankenschwingungen anderer nicht beeinflusst. Je ähnlicher die Wellenlänge des anderen ist, desto stärker empfinden wir die sympathischen Schwingungen in unserem Geist. Je unterschiedlicher die Wellenlänge ist, desto weniger Sympathie werden wir für ihn verspüren. Dies gilt auch für die instinktive Zu- und Abneigung, die viele von uns in der Gegenwart anderer Menschen entwickeln. Wie schnell finden sich Menschen mit verwandten Schwingungen in einer bunt zusammengewürfelten Gesellschaft. Viele Sympathien, die sich nicht durch das persönliche Erscheinungsbild usw. erklären lassen, entstehen aus diesem Grund.

So wie die Wellenlänge der Marconi-Apparate vielleicht anders eingestellt wurde, haben sich unsere geistigen Grundschwingungen von Zeit zu Zeit verändert, wenn wir uns an andere Lebensumstände anpassen – wenn wir wachsen. Dies erklärt, warum zwei Menschen, die zu einem bestimmten Zeitpunkt scheinbar vollkommen miteinander harmonierten, sich auseinanderleben, bis sie schließlich kaum noch einen Gedanken oder ein Gefühl gemeinsam zu haben scheinen, obwohl beide es gut miteinander meinen und sich gegenseitig wirklich unterstützen wollen.

Nicht nur in dieser Hinsicht gleicht die Funktion der Marconi-Funktechnik dem Geist. Ich habe Sie schon oft auf die Tatsache aufmerksam gemacht, dass das Festhalten an bestimmten Einstellungen die Anziehung von Gedanken zur Folge hat, die dem festgehaltenen Gedankenmuster entsprechen. Nehmen wir an, ein Mann ist voll von Eifersuchtsgedanken, dann scheint alles dieses

Gefühl zu nähren. Er hört von anderen, die Untreue erlebt haben. Jedes Ereignis scheint ihn in seiner Überzeugung zu bestätigen. Das Verhalten seiner Geliebten kommt ihm mehr als verdächtig vor, er entdeckt in jeder Geste und jeder Handlung Hinweise auf ihre Schuld. Er zieht die Gedankenschwingungen anderer an, die auf der gleichen Wellenlänge senden – Gleiches zieht Gleiches an. Nehmen wir einmal an, jemand verfängt sich in Angstgedanken. Sofort spürt er, wie sein Geist von Angst überflutet wird. Wenn er die Angst überwindet und sich auf Furchtlosigkeit einstellt, empfindet er, wie Mut, Furchtlosigkeit, Vertrauen, Energie und andere positive Gedanken in ihn einströmen.

Je nach Ausrichtung Ihrer Gedanken, werden Sie Menschen anziehen, die dazu dienen, mit Ihnen zu kooperieren und Ihnen behilflich zu sein. Sogar die äußeren Umstände scheinen sich so zu gestalten, dass sie zu dem von Ihnen ausgesandten Leitmotiv passen.

Sie ziehen nicht nur Menschen und Ereignisse an, die ihrer geistigen Einstellung entsprechen, sondern Sie senden auch Gedankenwellen aus, die andere beeinflussen, ähnliche Gedankenmuster zu bilden. Halten Sie sich in Gesellschaft eines »Ich kann und werde es schaffen«-Typs auf und falls Sie auch zu dieser Sorte Mensch gehören, wird er dies instinktiv wahrnehmen und sich über eine Unterhaltung mit Ihnen freuen. Wenn Sie andererseits einem solchen Menschen begegnen und selbst voller »Ich kann es nicht«-Zweifel sind, wird er eine Disharmonie bemerken und sich sofort von Ihnen entfernen wollen. Gleichen Sie hingegen dem »Mann mit Südlage«, wie ich ihn in einem früheren Kapitel beschrieben habe, werden Sie entdecken, dass Sie in jedem, mit dem Sie in Kontakt kommen, seine sonnige Natur wecken und sie anziehen. Sind Sie jedoch ein Miesepeter, wie ich ihn an anderer Stelle in diesem Buch charakterisiert habe, werden Sie feststellen, dass Sie die minderwertigsten Eigenschaften im Wesen der Menschen, die Ihnen begegnen, ansprechen. In der Tat werden Sie nur die Sorte Mensch anziehen können, die ebenso muffig und unangenehm ist wie Sie.

Lassen Sie alte negative Einstellungen los. Raffen Sie sich auf und fördern Sie positive, fröhliche, aktive Schwingungen, bis Sie die dauerhafte Wellenlänge des Vertreters des »Neuen Denkens« erreicht haben. Dann werden all die negativen Schwingungen an Ihnen vorbeifließen und nicht mehr in Ihre Geisteshaltung eindringen können. Vielmehr werden Sie die heiteren, fröhlichen, glücklichen, furchtlosen Schwingungen derjenigen empfangen, die die gleiche geistige Ebene erreicht haben.

Stellen Sie sich unbedingt darauf ein.

27| Geistiges Gift und Gegengift

Ein neues Gift – Die Mikroben in unseren Gedanken – Das neue Gegengift – Gedanken können vergiften – Angst verursacht Lähmung – Hass macht verrückt – Angst und Hass haben schon Tausende umgebracht – Die Gates-Experimente – Wie wir das Gift des negativen Denkens vermeiden

Angesichts der Beschäftigung mit Giftstoffen und Gegengiften in unserer Zeit – Gift in der Wurst, in Austern, Dosenfleisch, Eiscreme und Antitoxinen (die oftmals gefährlicher sind als das natürliche Gift) zur Vorbeugung und Heilung von Tuberkulose, Lepra, Lungenentzündung, Typhus, Tetanus, Beulenpest, Diphterie und anderen Krankheiten – muss man schon sehr mutig sein, um die Aufmerksamkeit der Öffentlichkeit auf ein neues »Gift« zu lenken, selbst wenn wir ihr gleichzeitig ein Gegengift liefern, das »entgiftend« wirkt.

Wir erschaudern bei dem Gedanken an Mikroben und Bazillen und locken sie auf diese Weise zu uns her. Wir filtern unser Trinkwasser, nachdem wir es abgekocht und jedes Lebewesen darin abgetötet haben. Wir entwickeln uns zu Mikrobenjägern und finden Gift in allem, was wir am Körper tragen, essen, trinken oder einatmen. Dabei übersehen wir die Mikroben in unseren Gedanken. Wir unterstützen den geschäftstüchtigen Arzt bei seiner Jagd nach dem großen Geld, während er Antitoxine zum Verkauf herstellt. Das arme, erschöpfte Arbeitstier muss Überstunden machen, um Serum aus dreckigem Eiter zu gewinnen und den Impf-Narren in den Blutkreislauf zu spritzen. Aber wir übersehen das reine, harmlose, mächtige Gegengift, das frisch aus den Gehirnzellen gewonnen werden kann – aus dem positiven Denken.

Es ist eine erwiesene Tatsache, dass Gedanken vergiften können. Trübsinnige Gedanken wirken auf die Gehirnströme ein und beeinträchtigen die Versorgung der Gehirnzellen und Nervenzentren. Infolgedessen funktionieren die Organe nicht mehr richtig und das Gewebe wird geschädigt, bis sie schließlich gar nicht mehr versorgt werden und ihr Absterben nicht mehr zu vermeiden ist. Angst, Sorge, Ärger, Neid, Eifersucht und andere negative Gedanken spiegeln sich in äußerst verheerender Weise im menschlichen Körper wider. Angst lähmt das Nervensystem und lässt die Haare über Nacht ergrauen. Ein Wutanfall verdirbt die Muttermilch. Furcht und Hass – wie Vater und Sohn – verursachen Wahnsinn, Idiotie, Lähmung, Cholera, Gelbsucht, plötzlichen Zahnverfall, tödliche Anämie, Hautkrankheiten, Wundrose und Ekzeme. Durch Furcht und Unwissenheit verbreiten sich Seuchen mit einer hohen Sterblichkeitsrate. Dutzende mögen durch Seuchen sterben, aber die Angst bringt Tausende um. Die ganze Brut negativer, furchtsamer, egoistischer, hasserfüllter Gedanken schlägt sich in körperlichen Zuständen nieder. Stigmata oder Male auf dem Körper, die von Angst oder Begierde verursacht wurden, tauchen in den Annalen der medizinischen Wissenschaft und Psychologie häufig auf.

Professor Gates vom Smithsonian Institut in Washington, D. C., fand bei seiner Forschungsarbeit über die Wirkung von Geisteshaltungen auf den Körper heraus, dass jähzornige, bösartige und trübsinnige Gefühle im Körper schädliche Verbindungen erzeugen, von denen einige extrem giftig waren. Er entdeckte auch, dass angenehme, glückliche Gefühle nährstoffreiche chemische Verbindungen hervorriefen, die die Zellen anregten, Energie zu produzieren. Er sagt dazu: »Negative und unangenehme Gefühle erzeugen

schädliche chemische Stoffe im Körper, die ihn negativ beeinträchtigen. Positive, angenehme, wohlwollende Gefühle rufen heilsame chemische Stoffe hervor, die sich förderlich auf die körperliche Gesundheit auswirken. Diese Stoffe können durch die Laboranalyse in der Schweißabsonderung und den Ausscheidungen des Menschen nachgewiesen werden. Mehr als vierzig förderliche und ebenso viele schädliche Stoffe wurden entdeckt. Nehmen wir einmal an, ein halbes Dutzend Menschen befinden sich in einem Raum. Einer ist deprimiert, ein anderer reumütig, wieder ein anderer schlecht gelaunt, eifersüchtig, fröhlich oder wohlwollend. Dem Psychophysiker werden Proben von ihrem Schweiß übergeben. Durch seine Untersuchung lassen sich all diese emotionalen Zustände explizit und unmissverständlich nachweisen.«

Denken Sie daran, dies ist kein leeres Hirngespinst eines enthusiastischen Geisteswissenschaftlers, sondern der Beweis eines führenden wissenschaftlichen Forschers in den Labors des Smithsonian Instituts, einer der bekanntesten wissenschaftlichen Forschungseinrichtungen auf der Welt. Wohlgemerkt, es handelt sich um eine chemische Analyse, nicht um transzendentale Fantasievorstellungen.

Nun habe ich genug über das geistige Gift und ein wenig über das Gegengift gesprochen. Ich könnte noch stundenlang damit weitermachen und ein Beispiel nach dem anderen anführen oder eine Erklärung nach der anderen liefern, aber die Geschichte bliebe immer die gleiche. Was also sollen Sie nun damit anfangen? Wollen Sie sich und Ihre Mitmenschen weiterhin mit den widerwärtigen, bösartigen Gedanken vergiften, die den giftigen Gestank von Hass, Furcht und Sorge ausdünsten? Oder möchten Sie kein psychisches Pesthaus mehr sein und damit beginnen, Ihren Geist auszuräuchern und zu desinfizieren? Nachdem Sie sich von all den Mikroben der Furcht und Sorge und den Hass-, Eifersucht- und Neidbazillen befreit haben, öffnen Sie die Fenster Ihres Geistes weit und lassen Sie den strahlenden Sonnenschein der Liebe und die frische Luft des Vertrauens und der Furchtlosigkeit herein.

Kommt, liebe Freunde, lasst uns diese schlechte Angewohnheit ablegen, die Luft mit Furcht-, Sorge- und Hass-Gedanken zu verpesten. Reihen wir uns in die Gesellschaft der Sorg- und Furchtlosen ein – die unschlagbare, siegreiche Armee der Liebe. Lasst uns heiter, fröhlich und glücklich sein, alles andere lohnt sich nicht. Lasst uns vertrauens-, erwartungs-, hoffnungsvoll und furchtlos sein, dann sind wir auf der Seite der Gewinner. Lasst uns voller Liebe für unsere Mitmenschen sein. Dann werden wir entdecken, dass das Leben nichts anderes als ein Liebeslied ist. Liebe, Vertrauen und Furchtlosigkeit sind die Inhaltsstoffe des stärksten Gegengifts im Leben. Probieren Sie es aus und seien Sie gesegnet.

William Walker Atkinson

Die moderne Esoterikwelt wäre ohne William Walker Atkinson (1862 – 1932) nicht denkbar. Er war ein modernes, brillantes Universalgenie und ein leuchtender Stern der esoterischen Welt damals wie heute. Mit vielen spirituellen Meistern seiner Zeit persönlich bekannt beschäftigte er sich über mehrere Jahrzehnte hinweg intensiv sowohl mit den östlichen Yoga-Lehren als auch mit christlicher Mystik, den Rosenkreuzern, der Gnosis und der Hermetik.

Als ein »Leonardo da Vinci der modernen Spiritualität« verband er diese unterschiedlichen Geistesströmungen miteinander und brachte sie in eine moderne und lebensnahe, dem heutigen Menschen gut verständliche Form. Sein umfangreiches Schaffen ist noch heute von großer Bedeutung, da Atkinson die ewig gültigen spirituellen Gesetze dieser Welt wie kein anderer in klare Worte zu fassen verstand.

Begünstigt durch das Erste Parlament der Weltreligionen 1893 in Chicago entwickelten sich verschiedene spirituell-esoterische Lehren zu einem festen Bestandteil der populären Kultur. Diese Bewegung wird heute »New Thought« genannt, jedoch reicht diese Begrifflichkeit nicht aus, um die Vielschichtigkeit der damaligen Ereignisse und Entwicklungen zusammenzufassen. Es war ein Schmelztiegel, der unterschiedliche Ansätze und Vorstellungen von dem beinhaltete, was man für spirituelle Weisheit hielt. So gab es Autoren und Vortragsredner mit sehr leicht verständlichen Inhalten, die heute weitgehend in Vergessenheit geraten sind. Ganz anders ein William Walker Atkinson, der die wahre Essenz der ewig gültigen spirituellen Weisheiten erfassen konnte. Sein Hauptwerk »Kybalion« ist bis heute unerreicht und zu einer wahren Legende geworden.

KYBALION EDITION

VON DEM EINGEWEIHTEN
WILLIAM WALKER ATKINSON

KYBALION – DIE 7 HERMETISCHEN GESETZE

144 Seiten, ISBN 978-3-937392-17-2

Kybalion – Hörbuch auf 4 CDs

300 Min., ISBN 978-3-95659-010-8 und als Download auf **www.aurinia.de**

KYBALION 2

Die geheimen Kammern des Wissens

160 Seiten, ISBN 978-3-943012-70-5

KYBALION 3

Die geheimen Lehren der Rosenkreuzer

272 Seiten, ISBN 978-3-943012-98-9

KYBALION 4

Die 7 kosmischen Gesetze – Das Vermächtnis des Meisters

128 Seiten, ISBN 978-3-943012-73-6

KYBALION 5

Schätze des Neuen Denkens

176 Seiten, ISBN 978-3-95659-024-5

KYBALION 6

Mystisches Christentum – Die geheimen Lehren des Meister Jesu

272 Seiten, ISBN 978-3-95659-038-2

WILLIAM WALKER ATKINSON

WEITERE TITEL DES GROSSEN MEISTERS

DIE KUNST DES GEISTIGEN HEILENS
Spirituelle, mentale und körperliche Heiltechniken
144 Seiten, ISBN 978-3-95659-013-9

DIE ASTRALWELT
Reisen durch die feinstofflichen Welten
96 Seiten, ISBN 978-3-943012-13-2

WEITERE TITEL IN VORBEREITUNG!

Thorwald Dethlefsen

Der Diplompsychologe und Psychotherapeut Thorwald Dethlefsen (geb. 1946) wurde durch seine Bestseller »Krankheit als Weg« und »Schicksal als Chance« einem Millionenpublikum bekannt. Er entdeckte das zentrale Grundmuster, das hinter dem Schicksal eines jeden Menschen steht: Der Mensch lebt in der Polarität und agiert zwischen Schuld und der Sehnsucht nach Ganzwerdung. Er kann die Erlösung aber nur dann erreichen, wenn er lernt, den Weg nach innen zu gehen.

Dethlefsen widmete sein gesamtes Leben der Aufgabe, diesen Entwicklungsprozess für jeden Menschen einsichtig und gangbar zu machen. Er steht damit zuvorderst in der Tradition der größten Weisheitslehrer unserer Zeit.

Thorwald Dethlefsen verstarb Ende 2010 glücklich im Kreise seiner Angehörigen. Der Aurinia Verlag veröffentlicht 2014 und 2015 sämtliche Vorträge und die derzeit vergriffenen Werke dieser außergewöhnlichen Persönlichkeit in einer neuen, von den Angehörigen autorisierten Edition.

Für News, Hör- und Leseproben besuchen Sie bitte unsere Webseite unter www.thorwald-dethlefsen.de

THORWALD DETHLEFSEN

Die legendären Vorträge voll Weisheit und Inspiration

Als Buch und digital remastered auf CD und als MP3-Download

01| Selbsterkenntnis – Der Weg zur Bewusstwerdung
ISBN 978-3-95659-531-8 · 1 CD · 80 Min · ISBN 978-3-95659-501-1

02| Homöopathie als Urprinzip – Heilung durch das Resonanzgesetz
ISBN 978-3-95659-532-5 · 2 CDs · 85 Min · ISBN 978-3-95659-502-8

03| Polarität und Einheit – Urwissen der Menschheit
ISBN 978-3-95659-533-2 · 2 CDs · 90 Min · ISBN 978-3-95659-503-5

04| Vom Blei zum Gold – Alchemie als Weg zur Persönlichkeitsverwandlung
ISBN 978-3-95659-534-9 · 2 CDs · 90 Min · ISBN 978-3-95659-504-2

05| Das Wort ward Fleisch – Leben mit dem Analogiegesetz
ISBN 978-3-95659-535-6 · 2 CDs · 90 Min · ISBN 978-3-95659-505-9

06| Altes und neues Weltbild – Schattenarbeit, Homöopathie, Karma: Fragen & Antworten
ISBN 978-3-95659-536-3 · 2 CDs · 100 Min · ISBN 978-3-95659-506-6

07| Die spirituelle Bedeutung von Weihnachten – Das innere Licht wird geboren
ISBN 978-3-95659-537-0 · 2 CDs · 100 Min · ISBN 978-3-95659-507-3

08| Gedanken zum Ostermysterium: Wie im Himmel, so auf Erden – wie oben, so unten
ISBN 978-3-95659-538-7 · 2 CDs · 100 Min · ISBN 978-3-95659-508-0

09| Ödipus der Rätsellöser – Die Erlösung der menschlichen Seele
ISBN 978-3-95659-539-4 · 3 CDs · 180 Min · ISBN 978-3-95659-509-7

10| Prometheus – Schuld, Sünde und Einheit im menschlichen Dasein
ISBN 978-3-95659-540-0 · 2 CDs · 90 Min · ISBN 978-3-95659-510-3

THORWALD DETHLEFSEN

Die legendären Vorträge voll Weisheit und Inspiration

Als Buch und digital remastered auf CD und als MP3-Download

DER MAGISCHE FINDHORN GARTEN

★ ★ ★

Gespräche mit Engeln, Elfen und Naturgeistern

Den Garten Eden, das Paradies auf Erden, gibt es wirklich: Vor über 50 Jahren geschah ein Wunder in den windgepeitschten und unfruchtbaren Sanddünen im hohen Nordosten Schottlands. Auf einem kleinen Areal mit ertragsarmem Boden wuchsen rund um einen neun Meter langen Wohnwagen die wunderschönsten Blumen und Obst und Gemüse von enormer Größe. Mit einem absoluten Glauben an die Kunst der Manifestation folgten Eileen und Peter Caddy zusammen mit ihrer Freundin Dorothy Maclean mit Hingabe der Führung Gottes und schufen an diesem Ort ein Heim mit einem magischen Garten. Sie lernten die Naturgeister und Devas zu kontaktieren und mit ihnen zusammenzuarbeiten. Das machte das Unmögliche möglich, und das mittlerweile weltbekannte Findhorn-Phänomen war geboren. Der Garten wuchs und inspirierte eine biologisch orientierte Landwirtschafts-Initiative, die nun über 200 Menschen ernährt. Hier wird Studenten das Erlebnis zuteil, ökologischen Anbau in Übereinstimmung mit der Natur zu betreiben.

Dieses Buch ist eine Einladung, mit den Wesen der unsichtbaren Reiche – den Naturgeistern, Engeln und Devas – zusammenzuwirken. Verbinden wir uns mit anderen Menschen über den gesamten Planeten und verwirklichen eine neue Lebensart gegründet auf sozialen, spirituellen und ökologischen Werten, die umweltverträglich sind und das Leben der Großen Mutter Gaia fördern.

240 Seiten, Paperback, 23 x 21 cm, vollfarbig, ISBN 978-3-95659-004-7